中国近代城市化研究

基于区域、分工、要素的视角

肖建乐◎著

人民出版社

责任编辑：邵永忠

图书在版编目（CIP）数据

中国近代城市化研究 ：基于区域、分工、要素的视角 / 肖建乐 著. -- 北京 ：人民出版社，2025. 7. -- ISBN 978-7-01-027303-7

Ⅰ. F299.21

中国国家版本馆 CIP 数据核字第 2025S4N403 号

中国近代城市化研究

ZHONGGUO JINDAI CHENGSHIHUA YANJIU

——基于区域、分工、要素的视角

肖建乐 著

人民出版社 出版发行

（100706 北京市东城区隆福寺街 99 号）

北京建宏印刷有限公司印刷 新华书店经销

2025 年 7 月第 1 版 2025 年 7 月北京第 1 次印刷

开本：710 毫米×1000 毫米 1/16 印张：15

字数：240 千字

ISBN 978-7-01-027303-7 定价：90.00 元

邮购地址 100706 北京市东城区隆福寺街 99 号

人民东方图书销售中心 电话（010）65250042 65289539

前　言

随着当代经济发展和城市化率的逐年提高，人们越来越倾向于探求过去的城市化历程。中国历史上也经历了几次城市化的高峰时期，如唐宋、明清、近代和20世纪80年代以后。中国近代城市化呈现出属于自己的特点，尤其是西方势力的介入，破坏了中国城市的正常发展，破坏了中国的主权，残酷的经济掠夺破坏了中国城市发展的经济基础，给中国近代城市的发展带来了巨大的灾难。因此，如何着眼于从中华民族绵延不断的生命力视角系统分析中国内部的城市发展推动力量，以开展对近代城市化研究就显得极为重要。近代城市化是距离当前较近的时期，理所当然成为研究的重点。随着当代城市化的发展，深层次的问题不断显现，如流动人口问题、城乡协调发展问题、城市规模问题、城市与所在区域关系问题，以及城市建设中的硬件与软件关系问题等，要解决以上诸多问题，需要从现实入手，更需要从近代城市经济发展中寻找答案。

近代城市经济研究有以下特点：一是单体城市研究多，综合性研究少；描述性研究多，近代城市发展内在规律的研究少。纵观城市发展史，城市的形成有不同的因素，有些城市因政治而兴起，当时的国都大都属于此类；有一些城市因宗教而兴起，一些甚至发展为宗教圣地；更多的城市，则出现在水路交通枢纽，成为商贸与运输中心。经济因素是城市形成与发展的首要因素，中国传统城市的发展史就是一部政治因素逐渐减弱、经济因素逐渐增强的历史，所以从经济的角度探究近代城市发展是可行的。

本书主要从以下几个方面展开论述：

一是梳理了近代城市经济的发展，分别从明清以来市镇的发展、近代城市经济发展的表现，以及城市的近代化等方面来论述。

二是空间经济学视角下的近代城市发展，分为城市经济学中的空间视角、近代城市交通的改善发展、区域城市一体化的形成、近代城市之间的互动发展几个方面。

三是探讨了分工深化与近代城市的发展，分为地域分工与城市发展、产业分工与城市发展两个方面。

四是探讨了要素聚集与近代城市的发展。近代城市发展离不开土地、资本和劳动力在城市中的集中，其中商品经济的发展、劳动力的集中又促进了市民阶层的形成，对近代城市发展起到了很大的推动作用。

总体来说，随着近代经济社会的发展、交通的改善，以及经济全球化的发展，城市的经济属性日益明显，近代城市发展的推动因素离不开农业与手工业的发展，但很大程度上城市的发展归功于城市体系的形成，其形成促进了城市分工角色日益明显，城市的专业化程度越来越高，后者才是近代城市发展的主因。

目　录

引　言

城市代表着人类文明形式的发展，“城市中的这些文明要素，是文明在空间的集中”[①]，代表着人类的发展方向，如何看待和理解过去的城市发展，有助于我们更好地认识未来。

一、研究目的与意义

“城市是人类聚集到一起以取得聚集效益和社会效益的地方，是引领人类文明前进的地方。人类社会发展史相当一部分是城市发展史，近代以来，城市引领人类经济与社会变化，世界上最新变化都是首先发生在城市，而后向农村或郊区蔓延。城市文明是人类文明的象征。”[②] 英国学者肖恩·埃文认为，“早期中国城市史的学术兴趣主要集中于明朝和清朝时期的集镇，最近越来越多的学者开始关注

① 薛凤旋：《西方城市文明史》，九州出版社 2023 年版，第 6 页。

② 陆晓文、郁鸿胜：《城市发展的理念》，上海三联书店 2008 年版，第 4 页。

清朝末年和民国时期。”①

在经济全球化背景视野下研究中国近代城市问题，将对近代城市经济的把握更加到位，能够更好地认识城市经济发展的规律。探寻城市发展的规律、预测城市未来的发展，对于城市的持续发展也是非常关键的，有助于揭示城市的本质和规律。

近代城市经济的研究，面临的一个关键问题就是如何看待早期经济全球化和中国传统因素在中国近代城市发展中的作用与影响。具体而言，这一议题需深入辨析两种力量的互动机制：一方面，19世纪以降，以西方列强为主导的经济全球化通过通商口岸、资本输入与技术转移等路径，强行将中国传统城市纳入资本主义世界市场体系，引发商品结构、产业形态与空间格局的破坏性的变化；另一方面，根植于封建经济基础的地域性商业网络、手工业传统及制度惯性，仍以隐性方式持续作用于城市经济转型，形成“冲击—回应”框架下的适应性调整。本书通过系统研究，拟对近代城市经济发展的中外推动力量进行对比，主要聚焦中国传统社会内部基于资源禀赋、社会结构而形成的本土化发展路径，考察中外经济力量在近代化进程中的动力机制与作用路径的同时，亦可以为解决当代城市发展的诸多问题提供历史借鉴。

利用经济学手段对近代城市发展的推动力量进行探讨，将现代的经济学方法综合运用到近代城市的发展分析中，有助于系统探讨近代城市发展的深层次原因。

---

① ［英］肖恩·埃文著：《什么是城市史》，熊芳芳译，北京大学出版社 2020 年版，第 31 页。

二、中华人民共和国成立以来城市史研究评述

我国学界对中国近代城市史研究兴起于20世纪80年代。1986年，国家首次将四个城市的近代化作为重点研究课题，这是近代城市史研究的一个重大标志性事件，从此“近代城市史研究勃然而兴”①。此时，国外在相关领域的研究已成果斐然并形成了一定的理论模式，但是在20世纪80年代初，由于中外交流的不足，国内学界对西方的相关研究缺乏必要的了解，所以此时期的研究大多是按国内的学术传统开展，如隗瀛涛负责的《近代重庆城市史》课题，主张城市史应侧重于结构和功能，强调城市史是研究城市内在的有机联系，提倡从更广阔的空间视角研究城市。不仅要研究城市发展的规律性，更应该侧重于对不同城市发展的特殊性的把握。相关研究模式，“有人称其为‘结构—功能学派’”②。

还有一种“综合分析学派”的观点，主张强调综合性和整体性。在第一届中国近代城市史讨论会上，有学者认为城市史与城市的研究应该有所区分，主张对城市史研究应注重整体性和宏观把握，城市史应是诸方面综合发展的历史。③

刘海岩等则提出了应当重点研究城市中的人及人与环境之间的相互关系，此外侧重于研究城市结构等物理形态，以及城市人的行为与环境的相互作用。④ 这种主张在此后的城市研究中显示出了强大

① 隗瀛涛：《中国近代不同类型城市综合研究》，四川大学出版社1998年版，第1页。
② 刘海岩：《近代中国城市史研究的回顾与展望》，《历史研究》1992年第3期。
③ 何一民等：《近代中国城市研究学术讨论会综述》，《近代史研究》1990年第3期。
④ 刘海岩：《近代中国城市史研究的回顾与展望》，《历史研究》1992年第3期。

的生命力。

以上是20世纪80年代初到20世纪90年代初城市研究的主要观点。随着改革开放的不断深入，近代城市研究呈现出百花齐放的趋势，相关学者广泛吸收国外的城市发展理论，学习多学科交叉的方法，从不同角度对近代城市展开了深入的研究。

（一）区域城市研究

早在20世纪80年代初，就有一些研究者尝试从区域发展的角度来研究城市，如武斯《区域中原城市史略》①、傅崇兰《中国运河城市发展史》②、王长升等《长城沿线城市》③。客观来说，上述著作更侧重于研究古代城市的发展，对近代城市涉及较少。

《东南沿海城市与中国近代化》④ 是从上海单体城市向区域城市研究的初步转轨，《长江沿江城市与中国近代化》是近代城市研究三部曲趋于完善的板块音符。此书开篇即放弃对单体城市的烦琐描述，直接切入长江流域主题，总改之后，用15章的篇幅，对长江沿江城市的经济、交通、城乡关系、人口、风俗、居民素质、会馆公所和帮会组织、中西文化交流，以及宗教等九个方面进行了系统论述。⑤

20世纪90年代国家战略框架下，区域城市体系的梯度建构成为破解西部发展困局的关键路径。为此，《20世纪中国西部中等城市与

① 武斯作：《中原城市史略》，湖北人民出版社1980年版。

② 傅崇兰：《中国运河城市发展史》，四川人民出版社1985年版。

③ 王长升、傅崇兰：《长城沿线城市》，东方出版社1990年版。

④ 张仲礼主编：《东南沿海城市与中国近代化》，上海人民出版社1996年版。

⑤ 张仲礼、熊月之、沈祖炜：《长江沿江城市与中国近代化》，上海人民出版社2002年版。

区域发展》一书应运而生。该书以新疆、甘肃、青海、宁夏、陕西、云南、贵州、广西等为研究场域，填补了边疆城市史研究的空白。

东北地区的近代城市研究也十分丰富。高晓燕的《试论东北边疆地区城市发展的特点》①、王革生的《清代东北沿海通商口岸的演变》和《清代东北商埠》②、吴晓松的《交通拓展与近代东北城市建设》③ 均侧重于区域研究，曲晓范的《近代东北城市的历史变迁》则是系统研究东北城市史的不可多得的著作。

21 世纪以来，有关西南、西北地区城市史研究的论著大量出现。四川大学出版社 2002 年出版了何一民主编的《成都城市早期现代化研究》一书，该书近百万字，第一次全面系统地对近代以来百余年间成都城市的历史变迁作了深入研究。

（二）整体城市研究

20 世纪 90 年代前，国内学术界尚未有关于全国性整体城市研究的论著，故有学者撰文称："迄今为止，国内还没有一篇从整体上探讨近代中国城市变化和发展的文章。"④ 20 世纪 90 年代以降，中国城市科学研究范式迎来转型，系统视角的整体城市研究逐渐成为学界共识，其中戴均良的《中国城市发展史》⑤、何一民的《中国城市史

---

① 高晓燕：《试论东北边疆地区城市发展的特点》，《学习与探索》1993 年第 2 期。

② 王革生：《清代东北沿海通商口岸的演变》，《东北地方史研究》1990 年第 3 期；王革生：《清代东北商埠》，《社会科学辑刊》1994 年第 1 期。

③ 吴晓松：《交通拓展与近代东北城市建设》，《城市规划汇刊》1996 年第 3 期。

④ 罗澍伟：《中国城市史研究述要》，《城市史研究》1988 年第 1 期。

⑤ 戴均良：《中国城市发展史》，黑龙江人民出版社 1992 年版。

纲》①、宁越敏等的《中国城市发展史》②、顾朝林的《中国城镇体系：历史、现状与展望》③，以及何一民主编的《近代中国城市发展与社会变迁 1840—1949）》④ 都是这一时期较有代表性的成果。

香港大学薛凤旋撰写的《中国城市文明史》⑤ 和《西方城市文明史》⑥ 是近几年来少有的系统研究中西方城市发展的著作，吸收了当下中西方城市研究的最新成果。

系统研究近代城市发展和社会发展变迁的关系方面意义重大，也取得了突破性的进展。《中国近代不同类型城市综合研究》的时间跨度长达百余年，从各个方面阐述了中国社会从封闭到开放再到发展的全过程。城市是一个复杂的有机体，城市作为社会转型的窗口也充当了城市化的载体，把城市作为研究社会发展和转型的切入点，充分考虑到了论述的全面性和实效性。在展示社会变迁过程的同时，理论上也实现了重要的突破。

（三）城市社会、公共空间及大众文化的研究

城市社会、公共空间、大众文化是城市史研究的主要领域，也是 1949 年 10 月 1 日至今城市史研究动态中的一个新的趋势。

王笛和周锡瑞在《史学月刊》同一期中，分别表达了城市史研

---

① 何一民：《中国城市史纲》，四川大学出版社 1994 年版。

② 宁越敏等：《中国城市发展史》，安徽科学技术出版社 1994 年版。

③ 顾朝林：《中国城镇体系：历史、现状与展望》，商务印书馆 1992 年版。

④ 何一民主编：《近代中国城市发展与社会变迁（1840—1949）》，科学出版社 2004 年版。

⑤ 薛凤旋：《中国城市文明史》，九州出版社 2022 年版。

⑥ 薛凤旋：《西方城市文明史》，九州出版社 2023 年版。

究的"微观"和"下行"趋势。[①] 王笛更是鲜明地指出，公共空间和公共生活与地方文化息息相关，同时也为市民参与公共治理提供了舞台。对城市公共空间、日常生活，以及大众文化的研究投入了极大的关注。

关于社会组织的研究，大多集中在商帮和会馆。一方面是对商业经济与政商关系的整体性论述。郭绪印认为上海会馆在中国近代会馆中具有一定的代表性[②]，郑成林认为1927—1936年十年间上海、天津的商会历史作用巨大并具有一定的发展自主性[③]，柏槐则论述了民国时期的商会与同业公会的相互关系[④]。另一方面是关于近代天津商会的系统研究逐渐深入。任云兰分析了1903—1936年间天津商会的赈济活动，并分析了慈善业的产生发展；[⑤] 宋美云则从国家与市场的关系入手，对商会进行了深入的讨论[⑥]。

关于市民生活研究，主要以市民的思想观念、生活方式作为研究对象。具有代表性的是对以近代上海为中心的社会风气与市民生

---

① 王笛：《中国城市的微观世界——从成都茶馆个案看都市大众文化研究的视角和方法》，《史学月刊》2008年第5期；周锡瑞：《重塑中国城市：城市空间和大众文化》，《史学月刊》2008年第5期。

② 郭绪印：《城市转型中近代上海会馆的特点》，《学术月刊》2003年第3期。

③ 郑成林：《1927—1936年国民政府与商会关系论述》，《近代史研究》2003年第3期。

④ 李柏槐：《民国商会与同业公会关系探析——以1929—1949年的成都为例》，《四川师范大学学报》（社会科学版）2005年第2期。

⑤ 任云兰：《论华北灾荒期间天津商会的赈济活动（1903—1936）》，《史学月刊》2006年第4期。

⑥ 宋美云：《论商会在市场化进程中的作用——以近代天津为例》，《天津师范大学学报》（社会科学版）2005年第3期。

活的研究[1]。忻平的《从上海发现历史——现代化进程中的上海人及其社会生活》系统研究了开埠以来上海人社会生活的方方面面，“构架了一个全新的研究体系，使人有耳目一新之感”[2]，通过宏观的和微观的实证研究，再现了近代上海社会的发展演变。

（四）城市发展中的影响因素研究

学术界一直存在一种观点，认为明清时期资本主义萌芽已在江南等地产生，如果没有1840年以来的外敌入侵，我们也会像西方国家一样步入资本主义社会。近年来，有不少学者对这种假设提出质疑，认为前近代时期，中国城市主要受内部诸种因素的影响和制约，但近代以后中国被纳入世界资本主义体系中，外力成为影响中国城市兴衰和发展快慢的重要因素；同时内力也发生了若干新变化……近代中国城市发展的主要动力还是来自中国内部的社会变革。[3]

西方国家近代城市发展离不开工业革命的驱动，与近代工业发展相辅相成，工业化是城市化和城市现代化的关键推动力量。但在近代的中国，由于人口增加导致内卷化盛行，对机器工业有一种本能的排斥，劳动密集型手工业与自给自足的自然经济密切结合依然是中国近代社会的基本经济特征。资本大多流向回报周期短、收益率高的商业领域，而较少流向工业领域，所以部分学者认为商业化

① 熊月之：《上海城市社会生活史笔谈稀世富矿：上海城市社会生活史研究的价值》，《史林》2002年第4期；罗苏文：《近代上海：多元文化的摇篮》，《史林》2002年第4期；李长莉：《上海社会生活史的典型意义》，《史林》2002年第4期。

② 忻平：《从上海发现历史》，上海人民出版社1996年版。

③ 何一民：《近代中国城市发展与社会变迁（1849—1949年）》，科学出版社2004年版，第67—68页。

才是推动中国近代城市发展的重要力量。中国的近代工业发展缓慢，近代中国的乡村人口向城市聚集只有通过商业化来实现，由于商业对人口的吸纳性远远低于工业，以致造成中国近代城市水平的低下。①

综上所述，可以清楚地看到近代城市研究已在诸多方面达成共识，可是近代城市发展原因的研究还有待进一步加强。基于近代城市经济属性不断增强的事实，本书拟从经济学的视角对近代城市发展的原因进行探究。

三、研究方法与路径

相关理论有施坚雅的“中心地理论”、杜能的“城市空间体系理论”“结构主义理论”，以及马克思、恩格斯关于城市经济和城乡关系的理论等。具体来说，以马克思的历史唯物主义及辩证法为指导，以历史学的实证研究方法和城市经济学的理论为基础，综合运用相关学科理论和方法，具体采取定量分析与定性分析相结合、近代城市发展的前后相比较的方法来高质量完成本书的研究。

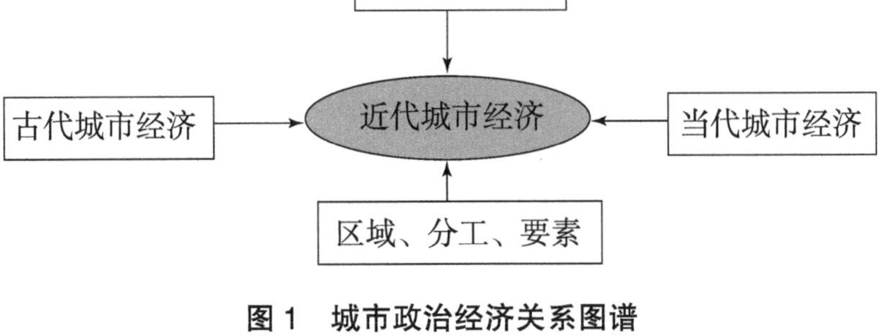

图 1　城市政治经济关系图谱

① 任云兰：《第三届近代中国城市研究学术讨论会综述》，载《城市史研究》第 6 辑，天津教育出版社 1991 年版。

如图 1 所示，根据“分工→专业化发展→交易发展→集聚→城市→城市群”的逻辑关系，基于近代城市政治因素逐渐减弱经济因素逐渐增强的事实，以经济学理论与历史资料相结合分析近代城市发展，探究近代城市发展的原因。

四、创新之处

（一）将近代城市置于早期经济全球化背景下展开研究；

（二）侧重于关注中小城市经济及对近代城市经济发展内在规律的把握；

（三）侧重于从经济因素探究近代城市发展的原因，聚焦空间、分工和要素聚集等三重维度，突破传统研究偏重政治制度分析的研究路径。

第一章　近代中国城市经济的发展

中国近代城市发展呈现出与西方城市发展迥异的特点，“直到 19 世纪初，中国的城市化体现了一个以农业为全国经济与社会基础的广域国家特点。”[①] 本书从三个方面对近代城市经济的发展进行分析总结。

第一节　明清以来城市经济的发展

明清时期，中央集权进一步强化，国家的经济政策着眼于建设一个统一中央集权的强大帝国，内地之间、内地与边疆之间的贸易障碍逐渐消除。唐宋以来的地方经济成长，以自然条件为基础培育了地区化专业分工，这些全国性的分工在明清两朝大一统的政治领导下开始整合为一个全国性的统一市场。[②] 马克思在《资本论》中写

① 薛凤旋：《中国城市文明史》，九州出版社 2022 年版，第 328 页。

② 李伯重：《中国全国市场的形成，1500—1840 年》，《清华大学学报》（哲学社会科学版）1999 年第 4 期。

道："商业依赖于城市的发展，而城市的发展又要以商业为条件，这是不言而喻的。"① 全国性统一市场的形成，以及全球性市场的初步融合与互动，对明清时期中国城市的发展提出了更高的要求。赵冈和陈钟毅在通观中国经济发展历史后，认为"进入明清时代，中国传统式的城市已经发展到极限而宣告停顿……明清两朝城市发展的重心不在传统城邑，而在商业市镇"②，市镇的兴起成为这一时期城市发展的特色与亮点。

所谓市镇，指的是农村地区"有市集，有廛肆"，既有常设性工商业机构，而非政治性都邑，且有一定商业腹地的聚落。③ 拉长历史观察的视角，市镇可以向上追溯到唐宋之际的草市。唐宋两朝在都市以外的乡村地区大量出现草市，其发展呈现两种方向。一部分在既有城市附近出现的草市，城市经济随着城市居民和商铺逐渐溢出城墙，与草市互相连通，构成城墙之外的城厢，与城墙之内的市廛连成一体，在行政上被列为城市的一部分。另有大部分草市，并不位于既有城市的附近，这些草市的萌芽与生长，就是为了填补既有城市市场影响力所不及的乡村空白地区。这部分市镇在明清延续着一脉相承的发展势头，并不断自我完善，在明清时期完成了向市镇的过渡。而唐宋以来，中国经济另一明显的发展趋势，便是经济重心的南移。两宋之际北方的战乱及黄河频繁地决堤改道，对北方经济的社会环境和自然环境都造成了深远的影响，而长江流域随着耕

① 《马克思恩格斯全集》第 25 卷，人民出版社 1975 年版，第 371 页。

② 赵冈、陈钟毅：《城镇与市场》，载《中国经济制度史论》，新星出版社 2006 年版。

③ 包伟民主编：《江南市镇及其近代命运：1840—1949》，知识出版社 1998 年版，第 17 页。

作技术的不断提高，在丰沛的雨水滋润下，成为国家最为重要的财富之源。明清市镇的发展也在长江以南地区表现得更为显著，“统计显示，江南市镇的发展在明代嘉万年间形成了第一个高峰，总数约有300个，至清代乾嘉时期又出现了第二个增长高峰，总数增长到500个以上。”①

不少昔日人数寥寥的乡间小村，在明代嘉靖前后，因为百货聚集，居民益增而成为一方巨镇。再微略留意一下文献记载中市镇内部景观的描述，“街道肩摩”“无异城市”“通衢市肆”，显然已是一派都市景象，黎里镇更是直接成为“明成弘间为邑巨镇，居民千百家，百货并集，无异城市。”倘若将眼光放大至整个江南地区，从明代万历年间到清代乾隆年间，虽然中间历经战乱，但市镇数量依然呈现出持续增长的势头。我国台湾学者刘石吉曾广泛利用府县方志的记载，编制了详细的“明清两代江南市镇统计表”。从中可以看到，1500—1800年的三百年间，市镇数量呈现出稳步增长的态势，尤其是明万历年间至清乾隆时期，市镇数量增加一两倍以上，许多市镇达到空前的繁荣。② 中国城市起源时具有明显的政治性，各大都市多是中央自上而下设立的地方政府机构驻地，商业职能是这些城市的附属功能。自唐宋草市开始，可以发现市镇的兴起依循着与大都市相反的形成路径。散布于乡村的市镇，其发轫正是为了填补既有城市机能的不足。从一定程度上来讲，市镇已经脱离了行政职能，

---

① 马学强、郁鸿胜、王红霞等：《中国城市的发展：历程智慧与理念》，上海三联书店2008年版，第52页。

② 刘石吉：《明清时代江南市镇研究》，中国社会科学出版社1987年版，第142—157页。

为纯粹的商业流通功能在农村市场中萌芽并勃兴。商业流通造就的市镇离不开对交通区位的依赖，南方地区河网密集，加之水运载货量甚大而所费人工相对陆地更少，因而河流成为货物往来的主要通道。

市镇依托于周边农村，呈现农业经营专业化特色，也就是市镇的农业经营特色。从江南地区最为发达的棉、丝两业来看，蚕丝与植棉的区域分工相当明显。从整体上看，专业性并不是市镇存在的理由，市镇是农村与大都市实现经济联系的纽带。零散的农村产品在市镇中集中，运销至其他地区的城市和农村，这一功能才是市镇存在的现实基础，只是因为其腹地乡村的特色经营令作为基层流动中心的市镇带上了专业性的色彩。以海宁硖石镇为例，可以清晰地复原全镇在20世纪40年代前后的街市面貌。从各种临街店铺的经营种类来看，与其他同类市镇相比，米、丝、袜等行业的数量确实相对较多，但是仅着眼于硖石镇区本身的经营行当，面向城镇居民和四乡农民一般生活的各类小手工作坊和杂货店占有更为重要的地位。

市镇发展与商业兴起相辅相成。市镇的基本功能是流通，在社会分工中，担当这一职责的群体是商人。明清时期市镇的勃兴发展与商人阶层密切相关。追溯各大市镇的历史，从乡间草市一跃成为繁华大镇，商人是其中最为重要的催化剂。例如青浦的朱家角镇，直到嘉靖年间，在地方文献中仍是名不见经传，但到明代后期，苏州太湖洞庭东山的棉布商人席氏、许氏、翁氏和万氏等寓居镇中，收买棉布，全镇走向繁荣。明清时期，随着全国市场的逐步形成，各地又出现了地域性的商人集团。其中徽州商人是最为活跃的一支。明代开中法的实行，为徽州商人的兴起提供了契机。浓厚的经商意识推动了一代代徽州商人走出家门，往来于各大市镇码头，对经商的地域市镇发展产生了巨大的影响，时有“无徽不成镇”之说。一些商人家族在市镇中长久经营，经济实力雄厚，人丁兴旺，重视家族的文化教育，与市镇当地的文化人士唱和往来。

尽管在明清两代以东亚和东南亚为中介，中国与西方直接或间接地建立起了贸易联系，但世界市场对中国居民的生活影响较小。日渐形成的世界市场虽然已经通过贵金属的流动引发了中国财政一些全局性变革，但这些变化经过商人和政府的层层过滤，一般居民还不能真切地感受到世界市场的影响。鸦片战争后，一系列的不平等条约的签订打开了中国的国门，通过通商口岸这一闸口，市镇经济直面世界市场的洗礼。五口通商以后，原先烦琐的公行体制被彻底废除，出口关税也大幅下调，如生丝的出口税从最初的 9.43%下降到 3.97%，减少近 50%①。同时，不少市镇人士前往通商口岸与洋行接触，成为买办。他们熟悉产地情况，将生丝产地与出口洋行迅速联系起来，推动了生丝的出口贸易大幅上升。其他行业亦是如此。市场国际化后，生产便需要以国际市场的需求为导向，从而进一步带动了原料的国际化，其中宁波的草帽业最为典型。编织草帽是宁波西乡农民的传统家庭手工业，农家利用当地所产席草编织草帽，出售给市镇中的草帽行，行销国内，这样的格局在清代便已形成。东印度公司“自 1717 年与广东展开定期贸易之后，茶叶进口便代替组织物进口在东印度公司与中国贸易中占据了核心地位，到了 18

---

① 姚贤镐：《中国近代对外贸易史资料（1840—1895）》第 1 册，中华书局 1962 年版，第 384—390 页。

世纪后半期，茶叶进口甚至以压倒性优势占据了中国贸易的80%以上的比例”①。

通过国际贸易，市镇及作为市镇立足腹地的农村经济在市场和原料两个方面都日益与国际市场体系紧密联系起来，他们无法仅仅作为内向型的经济体系而独立存在。当国际市场发生变动时，市镇经济也直接受到世界市场的冲击。例如，清末作为出口拳头产品的土丝首先遭到市场的淘汰，但是，国际市场的波动虽然造成了市镇经济的起伏，出口产品的萧条尚不至于致市镇的最终崩溃和消亡，而且行业不同影响也不一样。近代中国出口商品中，与已经进入机械化生产的行业发生冲突的最先受到冲击，此前作为市镇腹地农民重要经济作物的蚕丝、棉花，是西方最先完成机械化生产的重要产业，故而首先受到冲击。

第二节　近代城市经济发展表现

一、城市工业的发展

（一）传统手工业的近代转型

从清朝初期开始，传统手工业中就产生了近代工业的萌芽。例如，在景德镇的陶瓷业中已经施行了制瓷的流程分工和雇佣劳动；

---

① ［日］浅田实著：《东印度公司》，顾珊珊译，社会科学文献出版社2016年版，第139—140页。

苏州等地还出现了脱离农业，完全依赖纺纱维系生活的家庭手工业者，但这种家庭手工业者的纺纱大多是以纱易食，带有很强的自然经济特征。在盐业中甚至已出现商业资本。清朝中后期，曾经有陕西商人投资于四川井盐；康熙年间，北京西山煤矿还曾经实现过联合经营的生产方式；但是这些近代工业的萌芽仍旧只是出现在较小的范围内的。与此同时，政府对近代工业萌芽采取了一定的抑制措施，进行了较为严格的管理，致使中国近代工业虽然较早出现萌芽，但发展极为缓慢。以江浙一带的纺织业为例，乾隆、嘉庆年间南京即有织机三万多台①，道光年间苏州的纺织业者还通过停工等方式，希望可以获得待遇的提高，取得更换雇主的自由。这本是中国出现局部自由的劳动力市场的契机，然而清政府对“闹事”雇工进行了压制，迫使雇工遵循“雇有常主”的原则。中国的土地制度也在一定程度上阻碍了资本流向工业。1840 年以前，中国工商业尚未兴起，农民只能以耕种为生，于是业主便可以用“收田换佃”作为威胁，随意增租以榨取佃户务农的收益。这导致农民穷困，无法形成有效的购买力，与之相对应的是业主看到投资土地利润回报高风险小，将更多的资本包括来自土地投资的回报再投向土地而不是工商业，于是形成了恶性循环，导致了中国工商业的萌芽虽然出现较早，但长期停留在萌芽阶段。以纺织业为例，全国范围内仅广州十三行地区在 18 世纪末出现过具有工场手工业性质的纺织作坊，不同于江南地区普遍存在的家庭手工业。

---

①（清）陈作霖编：《凤麓小志》卷三《金陵琐志》，江苏广陵古籍刻印社 1900 年版，第 78 页。

1840年之后，外国的商品和资本开始进入中国，对中国的传统经济造成了巨大冲击。在工业上，廉价的外国商品大量涌入中国市场，中国传统手工业产品逐步失去市场，同时造成大量家庭手工业者破产失业，无形中扩大了中国的劳动力市场。以铁钉业为例，由于英、美等国采用机器制造，效率高、成本低，随着廉价洋钉进入中国市场，使中国传统手工业者的土钉销售受阻，最终导致大批铁匠失业，出卖劳动以谋生者立时增多，仅在福州就有一千多名以打土钉为生的人失去了工作，① 转而投向劳动力市场之中。

近代工业对传统手工业的取代也不是一蹴而就的，这个过程中包括近代机器工业对传统手工业的冲击及传统手工业的转型，即传统手工业与近代机器工业在相当一段时期内是共存的。纺织业中的"机纺"与"土织"便是近代机器工业与传统手工业在中国近代经济中共存的典型代表。事实上，传统手工业与近代机器工业都包含"纺"和"织"两个环节，但两者着力点不同，中国近代机器工业以"纺"为主，传统手工业则以"织"为主，即"机纺土织"。1813年机纱年产858万关担，土纱则仅有88万关担。同年，国内机织布仅占棉布总产量的0.79%。

近代机器工业的确对传统手工业造成了冲击，使一部分家庭手工作坊破产，但在一定层面上，机器生产也助推了一部分手工业的原始工业化。以棉纺织业为例，传统手工业中4人纺纱才能供1人织布，但在机器纺纱出现之后，其较高的生产效率充实了手工纺织业

① 姚贤镐：《中国近代对外贸易史资料（1840—1895）》，中华书局1962年版，第1404页。

的原材料，为手工纺织业提供了扩大生产的基础。机器工业在中国近代社会中不可能完全取代传统工业，这一阶段中国传统手工业向近代机器工业的转型只是一种不完全的工业化形式，即只是生产过程中的某一工序使用了现代技术或者现代机械，传统手工业的这种转型更多的是通过手工工具与现代技术的融合实现的，即手工工具的改良。天津第一家近代化私人面粉工厂贻来牟磨坊仍沿用石磨制作面粉的传统工艺，但是其动力则使用了蒸汽机。进入 20 世纪，传统工业手工工具的革新也加快了步伐。1925 年天津面粉制造业中有 132 家磨坊使用电力，而这个数字在 1930 年变成了 440 家。① 同时，传统工业对工具的改良也为近代机器工业的发展提供了市场和发展空间。随着国内轧花机的推广使用，国产轧花机的产量自 1900 年到 1913 年上升了两倍左右。市场的扩大助推了生产的发展，1913 年仅在上海便有 17 家机器制造厂在生产轧花机，② 而传统工业生产效率的提高又为机制半成品原料提供了广阔的国内市场。从投梭机到手拉织布机，再到铁轮织布机，传统手工纺织工具在不断更新，效率也在不断提高，手拉织布机的日产量是投梭机的 0.8 倍③，铁轮织布机是手拉织布机的两倍④。织布效率的提高带动了对纱需求的增长，1913 年手织机消费了机纱产量的 97.31%⑤。经过技术改良后的手工

---

① 方显廷：《天津之粮食业及磨坊业》，《统计经济季刊》1933 年第 2 卷第 4 期。

② 《前张源祥机器厂资本家张廷桢访问记录》，载上海市工商行政管理局上海市第一机电工业局机器工业史料组、中国社会科学院经济研究所等编《上海民族机器工业》上册，中华书局 1979 年第 2 版，第 177 页。

③ 李景汉：《定县社会概况调查》，中国人民大学出版社 1986 年版，第 682 页。

④ 吴知：《乡村织布工业的一个研究》，商务印书馆 1936 年版，第 11 页。

⑤ 方显廷：《中国之棉纺织业》，商务印书馆 1934 年版，第 275 页。

业生产效率提高，业主对现代技术逐渐认可。随着资本的积累，传统手工业逐步从技术、工具的改良过渡到现代机器工业。在杭州的机织业中，手拉机从1927年的6000台下降到1936年的800台，电力机则由3000台上升到6200台。① 总体来说，近代机器工业出现后，并不是立即完成了对传统工业的替代，机器工业与传统工业在一段时期内表现出共存的形态，传统工业通过工具、技术的改良逐步完成向近代工业的转型，并对近代工业的发展产生了一定促进作用。

（二）工业发展对城市发展的推动

在世界近代史上，随着工业革命的爆发，产业结构发生重大变化，随之也改变了社会结构，现代城市开始出现，从此城市化与工业化成为近现代社会的突出特征。与此同时，关于工业化与城市化之间的关系也成为近现代学者热衷探究的问题之一。从近代欧美的城市化进程来看，近代工业化与城市化的发展具有显著的协同性和共生性。

城市逐步取代乡村作为人口的聚集区，需要拥有能吸引人口集聚的机制。工业革命带来了工厂这种现代化的生产组织形式，极大地提高了生产力水平，创造丰富的物质产品和财富吸引资源从农村涌向城市，这当中也包括人力资源，同时工厂提供了大量工作岗位，这又使得城市有能力容纳来自农村的人口。19世纪20年代，英国矿产、冶金等重工业大发展，英国工业化进入全面发展阶段，同一时期，英国的城市化也取得了空前的发展，两万人以上的城镇从19世

① 朱新予：《浙江丝绸史》，浙江人民出版社1985年版，第186页。

纪20年代的110个提高到19世纪40年代的180个。[①] 美国经济在1840年到1914年这一阶段基本实现了工业化。同期，美国城市化也发展迅速，从1880年到1890年短短的十年时间内，美国新增一万人以上人口的城市126个。[②] 欧美国家的城市化水平相比其工业化发展水平，始终带有一定的滞后性。以工业革命完成为标志，英国在19世纪40年代即初步实现了工业化，[③] 而美国则晚于这个时期；即便以工业人口超过农业人口为节点，英国在19世纪上半叶也可以初步实现工业化[④]，美国则是在1880年[⑤]，然而城市化的时间点并未实现与工业化的完美契合。如果以城市人口超过农业人口作为基本实现城市化的依据，英国基本完成城市化已经是19世纪下半叶的事情了[⑥]，而美国则是在1920年才迎来了城市人口占多数[⑦]。英美国家城市化基本实现都不同程度上滞后于工业化的基本完成。

随着工业的发展，对石油和煤等基础能源的需求不断增长，推动了近代石油工业的萌芽和煤矿业的发展，同时也促进了近代城市

---

① ［英］克拉潘著：《现代英国经济史》上卷，姚曾廙译，商务印书馆1977年版，第656页。

② ［美］鲁伯特·B. 万斯等著：《美国南部的城市》，北卡罗来纳大学出版社1954年版，第27页。

③ ［意］卡洛·M. 奇波拉主编：《欧洲经济史》第3卷，胡企林等译，商务印书馆1989年版，第298页。

④ ［意］卡洛·M. 奇波拉主编：《欧洲经济史》第3卷，胡企林等译，商务印书馆1989年版，第298页。

⑤ ［苏］门德尔逊著：《经济危机与周期的理论与历史》第2卷下册，吴纪先等译，生活·读书·新知三联书店1976年版，第697页。

⑥ ［美］美国不列颠百科全书出版社编：《新不列颠百科全书》“现代化与城市化”条，1997年第15版。

⑦ ［美］乔纳森·休斯、［美］路易斯·P. 凯恩著：《美国经济史》，邸晓燕、邢露译，北京大学出版社2001年版，第369页。

的发展。以洋务运动为例，“从1875—1894年甲午战争前夕，洋务派先后开办了15处新式煤矿，其中官办6处，官督商办9处。”①

中国近代的城市化也是同工业化的过程相伴随的。1840年之后，外国商品、资本一步步进入中国，以农村为中心的农业社会遭到破坏，乡村家庭手工业萎缩，近代城市机器工业获得发展。中国的近代工业起于洋务运动，始于军工企业。19世纪60年代开始，洋务派官员在各地建立了一批近代军工企业。1862年曾国藩创立了安庆内军械所，1865年李鸿章在上海筹办了江南机器制造总局，左宗棠于1866年建立福州船政局，崇厚于1867年开办天津机器局，张之洞于1891年创办湖北枪炮厂，军工企业如雨后春笋般成长起来。洋务运动对中国近代企业发展影响是巨大的，“抵御太平天国……李鸿章和他的庇护者曾国藩就已经开设小型兵工厂。1865年大胜之后，他们拿出上海税收的五分之一，在上海附近建起江南制造总局。这座兵工厂拥有三十二幢厂房，每天能生产一千磅火药，并最终为水师造出八艘军舰。”② 近代企业的创办提供了城市发展所需要的物质基础，同时提供了大量就业岗位，吸纳破产农村手工业者进入城市，仅湖北枪炮厂即容纳4500多名工人③。这些都推动了天津、上海、福州等近代城市的发展。1914—1921年是中国近代工业快速发展的“黄

---

① 薛毅：《中国近代经济史探微》，商务印书馆2010年版，第350页。

② ［美］魏斐德著：《中华帝国的衰落》，梅静译，民主与建设出版社2017年版，第186页。

③ 陈真等编：《中国近代工业史料》第3辑，生活·读书·新知三联书店1961年版，第22页。

金时期”。1914年至1919年，平均每年新设工厂63家。[1] 与此同时，1910年至1920年，中国城市人口也有较快的增长。天津市的人口由75万增长到84万，济南则由10万增至28万，上海更是由84万暴增到175万。

二、城市商业的发展

（一）传统商业的近代转型

中国在1840年之前已经有了近代商业的萌芽。在近代以前，中国商业发展速度是快于工业的，这主要是由于家庭手工业的规模较之近代工业要小，这也导致了可用于商业交易的工业产品较少，因此这一阶段中国的商品交易主要是农产品的交易。明末清初，棉花的种植面积不断扩大，出现了北棉南运、东棉西运的国内贸易。近代丝织业的快速发展，刺激着桑树种植面积的扩大，江浙地区开始大规模种植桑树。烟草业的发展，使得烟草种植专业化程度提高，嘉庆年间已经开始出现租田种烟草以俟交易者。此时期，甚至出现了对农产品的预购。李宗昉的《黔记》中曾有如下描述：“茧客至春时买其树，放蚕于上，茧成来取之。”[2] 各地经济作物的大面积种植，造成粮食作物在一些经济作物主产区遭到排挤，催生了粮食的国内贸易发展，如江西米供应江浙地区，山东的粮食则主要运往直隶。但这一时期农产品的商品化经营比例仍然较低，同时严苛的税收政

---

① 李新等主编：《中国新民主主义革命时期通史》第1卷，人民出版社1961年版，第22页。

② （清）李宗昉：《黔记》卷二，西南交通大学出版社2016年版。

策也阻滞了商业的进一步发展，税金繁重致商之不兴，征税对象之广，从粮、棉、油、家禽、布匹、果蔬、鱼虾到柴薪、稻草等无所不包。此外，政府还在国内广设关卡征收厘税。19 世纪 20 年代，有案可查的国内厘金关卡有 735 处，造成了国内市场人为分割。

1840 年以前，传统的商人主要有行商、牙商、店铺，以及特权商人。由于国内市场不同地区之间商品价格差异，有一定资本的传统商人便携家人或同乡，经营地区间货物贩运的业务，他们便是行商。伴随其发展的还有帮助其完成汇兑的票号，以及帮助他们向分散的手工业者收货、向零售商销货的牙商。资本较小的商业则多在故土经营店铺，也多由家人帮工，销售当地手工业品或农副产品，以图温饱，略有盈余则买房置地。这些商人资本积累缓慢，难以发展为大商人。十三行、盐商、铜商等属于特权商人。由于当政者限制对外贸易，进出口贸易皆由广州十三行经办，十三行即垄断了中国当时为数不多的进出口业务，通过佣金和赚取差价取得了较可观的利润。据估计，到 1834 年，十三行的总商伍浩官的财富达两千六百万余元。① 总体来说，十三行的负面作用是巨大的，“不仅使中国传统官商难以生存，而且阻碍了私人海外贸易的发展，使中国对外关系方面更加闭塞。”②

1840 年以后，中国的对外贸易不再独家经营，但国内贸易仍然面临着重重关卡，政府对于外国商品却给予特殊待遇。例如子口税，

① 姚贤镐：《中国近代对外贸易史资料（1840—1895）》第 1 册，中华书局 1962 年版，第 191、306 页。

② 仲伟民：《茶叶与鸦片：十九世纪经济全球化中的中国》，生活 · 读书 · 新知三联书店 2010 年版，第 319 页。

即只要缴纳一次子口税，商品即可凭子口税单通行全国，免交一切厘金，这使本身价格上本不占优势的中国企业更加举步维艰。为避厘金，国内商人纷纷将货物运至香港，以行“出口转内销”之实，所以各地与香港之间的贸易逐渐加强，而各地之间的贸易日渐萎缩。这一时期，新式商业出现。在上海等口岸城市出现了商号以专营进口，即通过经销、代销、包销、订货等形式从洋行进货，然后向内地来往口岸的客商批发，同时出现了行栈以专营出口。与旧式商业不同，商号经营不再如行商一样倚仗类似家人、同乡的封建人身关系，而是采用雇佣制。与此同时，各地货铺随着规模的扩大，也开始了雇员经营。在近代，旧式商业虽然在向新式商业转化，但就像传统手工业不会立即被现代机器工业所取代一样，新旧商业在一定时期内是并存的。当沿海商埠商号、行栈林立时，广大内陆乡村的商品流通依旧沿用传统的商业渠道；即使是已经采用新式商业模式的口岸行栈，在乡间收购土货时依旧要倚仗传统方式。比如此时期苏州商业发展很快，“他们（商人）中的一部分人在建立起大型的贸易商场之后，和他们的家庭在苏州居住下来。孙春阳就属于其中一员，他在16世纪后期参加童子试失败后，开始从事商业。起初只是在苏州吴趋坊北面开设了一个小店铺，但很快他的事业就急剧扩张，建立了一个大型的货栈，这个货栈位于一个类似于州县衙署的建筑中。这座货栈分为六房，每一房都储存特定的商品。”① 此外，一部分在口岸从事新式商业的商人还通过包买的形式投资工场手工业。

---

① ［美］林达·约翰逊著：《帝国晚期的江南城市》，成一农译，上海人民出版社2005年版，第113页。

在清朝中后期，在棉纺业中已经出现了类似包买的商业模式，即棉纺商通过“以花换布”的支付方式，控制了商品输出，或者控制了小手工业者的原料输入。

商业的发展，在茶叶销售方面出现了一些新的形式。“19世纪中叶以后，大批中国茶商和西市茶商代理人从条约口岸到内地直接向农民和生产者收购茶叶，并形成内地收购制度。”① 新式商业不同于传统商业，在经营方式上，更突出表现在职业经理人的出现。东家出资，掌柜经营的经营模式在近代以前的传统商业中也曾零星出现过，最初起于山西商帮，究其原因主要有分号建立和后人不愿继承创始人之基业两种情况，而近代新式商业中职业经理人的出现则多是由于商号的规模扩张、商品流通范围的扩大，进而产生所有权与经营权的分离，而这正是现代经营模式的基本前提。在此基础上，中国近代商号中又出现了企业章程、人力股等现代企业经营方式，中国现代化商业逐步发展起来了。

（二）商会的发展

中国的民间商业组织自清朝以来经历了团行、会馆、公所，而后发展至商会形式。作为较早的商业组织，团行是本地商人的同业组织，之后的会馆则是由同籍的外地商人为在同一地经商的同乡服务而设立的，这两种组织形式更多注重的是血缘关系、乡土情结，到公馆阶段，组织理念、模式更为现代化，以行业划分而不再以籍

① 仲伟民：《茶叶与鸦片：十九世纪经济全球化中的中国》，生活·读书·新知三联书店2010年版，第223页。

贯为唯一标准。突破了籍贯的限制，某一地某一行业的全体商人的共同组织即为公所。公所与团行都强调行业性，公所较之团行有更成熟的发展，其不再讲究商人的籍贯。随着行业业务的扩张，同业间的业务日益繁多，公所的重要性也随之提高，同时其涵盖的人群范围也不断扩大，公所包括的是整个行业。除批发商、零售商，还包括了手工业者及居间经济。此时，牙行这类居间已成为同一行业的重要组成部分。药行是较早不计籍贯设立全行业商人组织的，北京的药行公所实是由原药行会馆于嘉庆二年（1797）放开籍贯之限发展而成。近代以前，公馆发展壮大主要有两个方面原因：一方面是为了同行业间统一市场价格的高低、商品质量好坏，以建立同行业共同遵守的市场秩序，如苏州的煤炭业坤震公所的“同行规则”中要求统一售价，避免竞争；另一方面则是为了联合起来在徭役、赋税及私产保护上与当政者协商。及至近代，公馆的发展又增添了华商联合以抵制外商占领市场的动机。但无论是团行、会所还是公馆，都表现出商品市场从自由竞争向垄断发展的趋势。

商会，是工商业者为维护自身利益而组建、涵盖行业所有经营者的社会商业团体。这就在公馆的基础上又进了一步，因为公馆只是包括了某一地区某一行业的所有从业人员，而商会则囊括了某一地区整个商业活动中的全部从业者。但是商会的产生也并不意味着行会的消失，商会仍要以行会为基础，行会是商会成员与经费的主要来源。1840 年，中国商业开始了近代化的进程，建立商会的想法被一些早期改良派学者、商人提出，但是直到 1902 年在上海才成立了中国近代的第一个商会，而且中国近代商会从创立伊始就受到政府力量的干涉，这与前期的会馆也是不同的，会馆虽然也受政府的辖制，但其最初成立的动机是内发的。1904 年，清政府通过政令来加速商会的发展，颁布了《商会简明章程》，命令各省迅速成立商会。由于政府力量的干预，加之有长期以来发展形成的会馆作为组织基础，商会发展很快。至 1912 年，全国商会总数达 998 家，但由于过多地受到政治的影响，中国近代商会的发展也是畸形的。与欧美民主、自治的商会有明显不同，中国近代商会是一种亦官亦商的组织，作为政府与社会之间的中介而产生。商会作为近代的新兴事物，在推动近代工商业发展上产生了积极的影响，商会的出现增强了中国工商业与外商的谈判能力，同时对于维护市场的稳定也起到了重要的作用。

到民国时期，近代商会又增加了一个职能，成为国民政府推行财政经济政策的一种辅助组织，这与近代商会创立初期的政府“劝办”是分不开的。与清朝末年官僚、绅商主导的商会不同，这一时期的商会是以大商人为中心的，并受政府管理。这一时期，商会延续了上一阶段的高速发展。至 1938 年，全国商会总数超过 1800 家。[①] 与此同时，行会改组为工商同业公会，作为商会的组织基础继续存在。总体来说，近代商会的出现是必然性与偶然性相结合的结果。由于民间商人组织具有深刻的历史基础，商会的出现是必然的。商会在清朝末年的出现和快速发展有政府干预的偶然性，致使商会始终没能摆脱政府的控制，成为真正的自治组织，但商会在近代社会维持市场稳定、解决商业纠纷、维护交易公平上所做出的贡献是毋庸置疑的。

---

① 陆仰渊等编：《民国社会经济史》，中国经济出版社 1991 年版，第 237 页。

（三）政府的相关政策

1840年之前，中国政府实行的是重农抑商政策。国内关卡林立，税负沉重；对外贸易上，由广州十三行实行独家经营，严格限制民间的对外贸易。出海贸易的船只载重不得超过500石，同时限制出口产品的种类和数量，粮食、铁一律严禁出口，出海船只所带粮食不得超过50石，这些措施极大地抑制了中国工商业的发展。

1840年以后，中国政府被迫放开对外贸易，但对国内工商业仍加以限制。虽然支持洋务派的官办工业，但对民间资本兴办新式企业依旧加以抑制，商业上关卡未减。直至清朝末年，清政府终于开始经济政策调整，在国内设立商务部，同时对开办企业者给予物质及社会地位上的奖励，以求改变中国社会轻视商业的传统。此外，在民间融资渠道不畅的情况下，为加快工商业发展，清政府开始发放官方贷款，甚至举行了中国近代以来第一次商品博览会——南洋劝业会。清政府带有自救性的新政随着政府的垮台而停止，虽然不能使中国经济实现腾飞，但其的确推动了中国工商业进步，为民国初期工商业的进一步发展提供了基础。民国初年，虽然政局动荡，但无论是南京临时政府、北京政府还是后来的南京国民政府，都在政策层面对工商业做出了一定的支持，孙中山刚刚当选临时大总统，就批准设立了一批实业工厂。张謇在任北京政府农商部总长期间，废除了一部分商品的厘金。南京国民政府在成立之初也一度对工商业给予支持，统一了税务机关并收回了海关自主权。

近代商业的发展，畅通了商品销售，扩大了市场；同时，又为工业发展积累了资本。以高阳织布业为例，“来自商业企业利润的商业资本是织布工业最重要的投资来源。几乎所有早期的企业家都是从商业获取资本的，主要是洋货贸易和粮食贸易积累的资金。在织布工业兴起之前，高阳是一个居民不到5000人的小镇，那时镇上最有实力的商人是8家经营粮食和货币兑换业务的商号老板。织布工业的繁荣使几乎所有的粮食批发和银钱号都转向投资于布线批发业务。”①

三、城市金融业的发展

（一）钱庄的发展与没落

钱庄肇始于明代中后期，最初的业务主要是兑换纹银和铜钱，而后业务逐步扩展，在明末已经形成以“会票”为载体的票据流通机制，类似于现在的支票业务。由于从事银钱兑换，钱庄多有资金储备，于是开始对外放款。清朝初年，钱庄业务进一步扩展，钱庄开始承揽存款、汇兑业务，同时开始发放可以流通于市的钱票、庄票。除此之外，部分钱庄还囤积制钱，以操纵兑价，从中牟利。

1840年之后，随着通商口岸的开放，外商进入中国及中国工商业的发展，钱庄的业务有了新的变化。钱庄经营银钱兑换的主要形式由纹银和铜钱的兑换演变为银两与银圆的兑换，同时钱庄亦深度介入金融市场，尤其是银钱兑换的投机活动当中。这一时期，钱庄

---

① ［日］顾琳著：《中国的经济革命》，王玉茹等译，江苏人民出版社2009年版，第50页。

还通过与外国银行进行票据交换清算，为中外商人提供信用便利。近代以来，进出口货物运至上海，买卖货物皆需要大量的资金融通，此时钱庄便开始向买卖双方提供信用便利，钱庄借此获得极大的发展。在上海，本地商人用钱庄发行的庄票购买洋行洋货，而后洋行将庄票存入外国银行；中国商人在出售土货给外商时，收到的是外国银行的支票，而后中国商人又会将支票存入钱庄；钱庄与银行之间会进行支票与庄票的抵销清算，避免了大量现金的搬运与占用，从而进一步促进了贸易规模的扩大。在全国范围内，其他城市的商人从上海购置货品，可以通过本地钱庄进行融通，商人只需向其所在地钱庄押借，由所在地钱庄与上海钱庄进行款项的清算，商人不必再携带现金前往上海，上海本地钱庄会支付货款，待货物由上海起运，商人便可以开始向本地钱庄还款。这一阶段，由于业务发展的需要，上海的大钱庄还在其他城市建立了联号。同时，一些钱庄还充当着洋行买办的角色，截至 1880 年，出口土货的 80%都是由钱庄从内地采购的。①

1897 年，中国近代银行创立。在此之后的一段时间，钱庄仰仗其在进出口贸易中的特殊作用，依然保持着一定的势力，如上海钱庄在金融市场上勾结外国银行操控“洋厘”的升降等。这一时期，钱庄的业务范围又进行了扩展，放款的主要方向从贸易和商业扩大到近代工矿企业。20 世纪最初的十年间，钱庄在保持继续发展的同时，对外国银行的依赖程度不断增加，钱庄向外国银行拆借的金额

① 吴弘明编译：《津海关贸易年报（1865—1946）》，天津社会科学院出版社 2006 年版，第 88 页。

不断上升，而钱庄的投机业务亦使之风险加大，1910 年一次“橡皮股票风潮”就使 40 家上海钱庄倒闭①，阻碍了钱庄的进一步发展。

1927 年后，银行业快速发展，中国钱庄开始由盛转衰，同时由于上海票据交换所的成立，钱庄票据汇划的作用减弱并逐步被取代。1935 年，法币的流通又使钱庄失去了银钱兑换的收益。这个过程并不是一路下滑的。在最初几年，由于银行重押品、轻人情的放款方式并不适合当时中国的社会，业务发展缓慢，一度甚至需要依靠钱庄代为放款，直到 1932 年上海钱庄的票据首付额仍然可以达到当地中资银行的 6 倍。1935 年，随着中央银行、中国银行、交通银行通过对钱庄的“借款加以控制”，曾经在中国近代金融史上叱咤风云的钱庄才淡出了历史舞台。

（二）票号的发展与没落

票号的出现源于汇兑的需要，其作用机制，简单地说，就是在不同地区之间实现资金的调拨以切实促进商品的流动。早期的票号主要服务于埠际之间的贸易往来。最初的票号是由山西商帮兼营的，到 19 世纪 50 年代，票号分支遍布全国各大城镇。在这些票号中出现了东家出资、掌柜经营的现代管理模式。票号在经营汇兑之外，也经营存、放款业务。

19 世纪 60 年代，票号通过与政府建立联系，进入了快速发展期。这一时期，由于国内爆发农民起义，道路不畅，导致地方无法

① 中国人民银行上海市分行编：《上海钱庄史料》，上海人民出版社 1960 年版，第 188 页。

按《户部则例》完成解部银两的起运。1861年，各地无法缴解税银达600万两，[①] 因此户部开始尝试通过票号汇兑地方款项。此后，票号汇兑官款成为常态，票号业务量陡然提升，1865年至1893年，票号承汇各省官银78734328两。[②] 此外，票号还与政府官员勾结获得免息的公款存入，同时为官员保存贪污所得，这在一定程度上增加了票号的资金实力。19世纪60年代以来，票号汇聚了大量的公私款项，开始扩大放款业务。票号的信贷业务加快了内地与沿海口岸商品的流通速度，促进了中国商品市场的扩大。1900年后，票号的发展达到全盛时期，由于在“庚子之乱”中对政府全力资助，得到政府的信任，票号获得了代理国库的资格，同期票号在全国各地共开设450多家分号。随着现代银行的出现，票号的汇兑业务逐渐被侵蚀；户部银行的成立，使票号失去了长期以来赖以快速发展的官银业务。由于票号长期依靠与政府的关系发展业务，且业务单一，以致在失去政府扶持后，一溃千里，风光不再。

（三）银行的兴起与发展

银行是商品经济发展的产物，是经营资本借贷的现代企业。1840年之前，中国工商业发展迟滞，没有对资本借贷的强烈需求，因此现代银行缺乏生长的土壤，中国近代之前没有现代银行的产生。1840年之后，中国对外贸易的发展需要经营货币兑换业务的专业机构，中国工业的发展需要大量的资本借贷，在这样的背景下，中国

---

① 王先谦编：《东华续录·同治一》，第7页。

② 《中国近代金融史》编写组编：《中国近代金融史》，中国金融出版社1985年版，第59页。

近代银行诞生。1897 年中国通商银行创立。由于资本少，管理混乱，在其存在的前十几年中做出的贡献是有限的。通商银行成立之时，外国银行在中国已经经营了近三十年，已基本形成了自己的商业信贷网络。外商的贸易款项皆由外国银行办理，加之中国商人最初也不信任中资银行，通商银行在成立的最初几年一度只能交由钱庄、票号放贷。1905 年户部银行成立，中国终于有了自己的中央银行。在这一时期，清政府又于 1908 年成立了专司邮政业务的交通银行。1897 至 1911 年，中国一共创办了 20 家银行。无论是从银行数量上还是存贷款业务上，现代银行业的发展是缓慢的，但银行业的产生本身就是近代金融业大发展的结果。

1911 年之后，中国银行业进入快速的发展时期，发展混乱也是近代中国金融业的真实写照。从 1914 年至 1921 年的 8 年时间里，全国共开设私营银行 96 家，相比于清末最后 20 年仅有的 20 家银行，其发展速度不可谓不快速。这一时期，中国还出现了数家信誉良好、经营完善的银行，各银行之间相互联合，共同建立了行业间存款准备金以应对挤兑，这是中国近代银行进步的表现。然而，由于地方军阀割据，各省银行滥发货币，各地货币不统一等，亦促成了中国金融市场的混乱局面。这一时期，在中国的金融市场上，本国银两、外国银圆、外国钞票、本国钞票共同流通于市，各地使用不同的货币导致了中国金融市场的割裂。

第三节　城市的近代化

中国近代城市发展的历史，不仅反映了中国城市近代化的发展过程，也反映了城市化水平的提高过程。无论是中国城市近代化，还是近代中国城市化，都是随着中国近代化工业的发展而发展的，都是以近代化工业为其前提和基础，这一点是区别古代城市化的显著特征，“中国（古代）的城市尽管规模宏大，却只是形成了更大农业环境的质量密集版而已。”①

然而必须指出的是，这种近代化进程始终笼罩在西方殖民侵略的历史阴影之下。列强通过武力胁迫签订不平等条约，在沿海沿江设立租界和通商口岸，表面上带来了铁路、工厂、电灯等现代化设施，实质上却是以破坏中国主权完整为代价。殖民者对中国城市规划的介入导致传统城市肌理的断裂与社会阶层的割裂；外资工厂的畸形扩张压制了民族工业的自主发展，使沿海城市通商口岸沦为依附型经济的载体；同时这种强制性的“被动现代化”打断了中国城市自然演进的脉络，许多传统手工业城市在洋货倾销冲击下急剧衰败，而新兴工业城市又因殖民资本的掠夺性开发陷入区域发展失衡。

中国城市近代化始于明末清初，“16—18 世纪，中国城市化速度明显加快，而且具有地理位置特征，即在运河沿线，长江、珠江和沿海口岸形成大宗商品远距离贸易的集散中心。”② 从鸦片战争到清朝覆灭，是中国城市近代化的进一步发展阶段。中国自 1840 年鸦片战争以后，由于外国资本主义势力侵入的步步加深，加上本国洋务派官僚兴办洋务运动的逐步开展，以农村为中心的自然经济便日趋解体，以城市为中心的资本主义商品经济则日益发展，先进的近代

① ［美］乔尔·科特金著：《全球城市史》，王旭等译，社会科学文献出版社 2014 年版，第 89 页。

② 唐文基：《16—18 世纪中国商业革命》，社会科学文献出版社 2008 年版，第 154 页。

化机器工业也开始建立和发展起来，进而推动了商品生产与商品交换的发展，为中国城市近代化和近代中国城市化开辟了道路。

实际上，中国工业近代化的发展过程，同时也就是中国城市近代化的发展过程。所谓工业近代化，即指近代化机器工业的建立和发展。所谓城市近代化，其内涵虽然十分广泛，但其主要内容是指城市生产方式与生活方式的近代化。城市生产方式近代化，即要求实现商品生产机器化；城市生活方式近代化，则是要求提高城市生活设施与城市生活条件的科学技术水平和文明程度。

城市经济的变动不仅是城市近代化的重要内容，而且也是首先发生变化和变化剧烈的领域，以致一些学者在研究近代化时往往只专注在经济方面，尤其工业化上。诚然，把经济发展视为近代化过程的决定力量是有一定道理的，但还应看到近代化经济的发展要受到近代化过程中政治、文化及社会变迁的制约和影响。由于受到外力的影响，中国城市经济的变化最初发生于商业化，而不是工业化。1840 年后，清政府被迫开放了 5 个通商口岸，西方列强以此类开放城市作为据点掠夺原材料并向中国倾销其商品，这对中国城市经济产生了重大而深远的影响。五口通商后（1843—1858），贸易中心开始北移，由广州转移至上海。到 19 世纪 60 年代末，上海就已完全取代了广州的中外贸易中心地位。此时期，重庆经济也获得长足发展，使重庆逐渐取代成都成为四川和西南的商业贸易中心。此外，对外贸易的发展也推动了国内贸易的勃兴，形成了以通商口岸为中心的大规模市场网络，带动了民族工商业的兴起。

近代中国城市发展，一方面体现在量的增加，另一方面体现在质的变化上。第二次鸦片战争后，《天津条约》（1858）与《北京条约》（1860）的签订，推动条约口岸体系从五口（1843）向十八口（1870）扩展。外国资本主义势力大肆渗透，一些城市中的传统商业开始逐渐向近代商贸公司转变，产生了一批具有资本主义性质的商贸公司，带动了国家管理制度和公司管理的规范化发展。“商业依赖于城市的发展，而城市的发展也要以商业为条件。”① 近代以来，城市中的商业经济率先发展，并逐渐带动城市手工业、公共设施和第三产业的发展，进而催生了一些新的经济部门。

商业的发展带来市场的扩大，流通的发展促进了近代工业的发展，逐渐改变了传统城市单纯消费中心的角色定位，也促使了城市的生活方式发展变化，为社会变革埋下了伏笔。工业的发展推动了产业工人数量的增加，从而为城市发展注入了新的活力，带动了文化思想的变革。工业型城市不断涌现，在交通发达的沿海沿江地带，一座座工业城市拔地而起，形成了一个个制造业中心，这些城市里也集中了中国早期的工业部门。即使在内地，一些沿江等交通发达的城市，工业发展也很快。以汉口为例，“汉口从 1890 年代开始迈出工业化的步伐，1893 年汉阳的汉冶燕煤铁公司成立（比日本的八幡制铁所早 8 年），而从 1898 年起为修建京汉、粤汉铁路，汉口开始从腹地招集工人并因此促进了三市一体化的进程。”②

近代城市中，商品流通与货币流通是相辅相成的。商品经济的发展，离不开现代货币体系的支持。随着近代城市经济的蓬勃发展，近代化的货币流通体系也逐渐建立，集中表现在近代银行业的发展。

---

① 《马克思恩格斯文集》第 7 卷，人民出版社 2009 年版，第 370 页。

② ［日］斯波义信著：《中国都市史》，布和译，北京大学出版社 2013 年版，第 118 页。

首先是外国势力在银行等金融领域的渗透。城市开埠通商后，外国资本纷纷涌入，设立银行，控制中国的金融市场和流通领域。1897年5月，中国通商银行在上海挂牌成立，这是中国自己开办的第一家具有近代性质的银行。此后，又有多家华商创办的银行相继成立。据统计，截至1911年，已有17家中国银行开业。中国银行与外国银行的发展使得近代城市的金融流通日益复杂化，对城市经济和地区经济的发展产生了多方面的影响。辛亥革命前，中国资本主义经济的发展从全国范围看是缓慢的、微弱的，农村自给自足的自然经济仍占主要成分；但从城市来看，经济近代化则是较为迅速的、明显的。近代城市经济的发展，推动着生活方式的改变和城市文化的发展，同时对城市政治制度和其他制度的发展变革也起到重要的推动作用。

1793年12月18日，英国马嘎尔尼使团见过佛山附近的城市经济的发达，“我们继续在这些地方航行……从这些城市的一般容貌和当地商人的房屋和他们的商业环境看，这里的商务肯定是非常大的，人口也必然相应稠密；仅次于北京广州这样的大城市。”① 经济基础决定上层建筑，近代城市经济的发展势必带来社会的变革，提高民众管理城市事务的热情，“更为广泛的社会阶层也会愈来愈趋于冲击中央政治制度。他们不仅对其提出各种政治要求，而且也渴望参与中心领域、中心的象征和中心的外围定型。伴随着现代化的来临而产生的主要社会运动，不论它是民族的、文化的，还是社会的，都

---

① ［英］爱尼斯·安德逊著：《在大清帝国的航行：英国人眼中的乾隆盛世》，费振东译，电子工业出版社2015年版，第223页。

不同程度地显示出一种广大阶层日益参与的社会中心领域的趋势”，“越来越广泛的阶层更多地参与社会的事实和参与的公民秩序，可被视为现代化国家建设的两个基本特征，他们标志着一种新兴的、在政治和社会方面更开放的实体的建立。”①

当时西方的经济制度和社会管理制度，与落后的腐朽的清王朝体制形成了鲜明的对比，向西方学习成为当时有识之士的共识。20世纪初，中国的政治近代化已是“弦上之箭”，不可遏制。为抵御外辱，遏制革命，巩固统治，清王朝不得不相应做出一些政治让步，在1901年发布上谕宣布施行“新政”，又于1906年宣布“仿行宪政”。虽然清廷以“中学为体，西学为用”为总的改革指导方针，改革具有被动性和不彻底性，主观上以维护清王朝统治为根本目的，但客观上“清末新政”的实施和持续推进，改革了中国的传统政治制度体系，并开创了近代政治体制。在此背景下，城市政治也相应发生了若干变化，如新兴社会阶层逐渐参与政治和公共事务的管理甚至决策。

在近代化所引起的各项变革中，思想文化方面的变革起到了先导作用。与西方国家相比，我国近代思想文化方面的变革用时较短，对经济社会的推动作用却是非常明显。中国很早便形成的大一统政治体制，使得国家观念深入人心；作为四大文明古国之一，四大发明也在一定程度上使得知识和思想观念的传播比西方国家更为容易。虽然长达几千年的封建伦理道德根深蒂固，对西方的科技知识和思

① ［法］利奥塔著：《后现代性与公正游戏》，谈瀛洲译，上海人民出版社1997年版，第87页。

想文化有着天然的抵御力，但是在进入近代短短二三十年的时间里，西方的科学文化和思想观念便影响着中国的民众，各种思想观念逐渐由口岸城市辐射至广大内地城市，再由城市辐射到广大农村。

辛亥革命前，中国人在意识形态领域经历了一场影响深远的转变，虽然这种转变仅在城市知识分子中进行，但其变革之剧烈、影响之深远，堪称一场思想革命。思想观念的近代化是多方面的。首先是世界观的变化。随着西学大量引入，中国人的世界观念逐渐改变，他们接受了西方的科学文化和民主意识，接受了西方的价值准则。在新的价值尺度、道德准则的对照下，延续数千年之久的君主专制制度、三纲五常、伦理道德等传统制度和观念已不再是神圣不可侵犯，开始受到不同程度的质疑。

其次是在中国城市近代化进程中，教育改革的意义非同一般。在中国传统社会中，教育虽主张“有教无类”，人人皆有受教育之权利，但受传统观念等因素影响，教育仍然只面向少数人。20世纪初，清王朝迫于内外压力，开始推行教育改革，废科举，兴办新式学堂，逐渐推行新式的教育体系和教育制度，实现了教育体系从“四书五经”向“中体西用”的范式转型。西学是新学教育的重要内容，随着教育改革的持续深入及新式教育的不断发展，一个拥有新知识、掌握新技能的城市阶层开始形成，此阶层的兴起和壮大成为城市近代化的重要推力。例如，“1900年，上海人口只有3.7万……到了1937年，上海居民数超过350万。”①

① ［美］乔尔·科特金著：《全球城市史》，王旭等译，社会科学文献出版社2014年版，第233页。

此外，城市大众传媒的发展也推动了城市近代化的进程。在近代社会，知识与信息传播至关重要，社会传播不再局限于人与人之间的交流。重要的信息要做到有效，就必须同时传达给更多的人。因此，为有效传播信息，城市建立起日益复杂化、多侧面的传播机制，且越来越具有克服世界时空障碍的能力。近代中国早期大众传播媒介以周报、日报、杂志为主，这些大众传播媒介是由外国人引进来的。此后，报刊的政治宣传功能日趋明显，办报人通过报刊开展反帝反封建活动，对资产阶级的政治、经济、文化主张进行大力宣传，传播新思想、新文化，宣传启蒙思想，调动社会内部蕴藏的有利于发展近代化的积极因素，推动社会各阶级趋新思变。

辛亥革命前，中国的城市近代化已从经济领域逐渐延伸至政治、文化领域，其他社会领域发生的变化亦同样显著。诚然，从全国范围考察，辛亥革命前近代化的范围还主要局限在城市，广大农村仍徘徊在近代化的门槛之外；但仅就城市看，特别是通商口岸和内地大城市，近代化变革又是那样突出、剧烈，城市传统社会结构解体，城市中聚集了越来越多的近代化变革力量和变革因素，从而为辛亥革命的发生准备了条件。

总之，中国同世界资本主义国家一样，从整体来说，其近代城市的发展，无论是城市质的提高，即城市近代化程度的提高，还是城市量的提高，即城市规模的扩大，都同近代化工业的发展紧密相连，休戚与共，即都是以近代化工业为其命脉和根基，这也是世界各国近代城市发展的一条普遍法则。

第二章　空间经济学与近代城市发展

本章通过对城市经济聚散效应与空间利用关系的分析，尝试从一个新的角度揭示近代城市经济持续发展的内在规律，并展开对中国近代城市发展推动因素的理论分析和探讨。

城市作为经济集合体，既要从外界吸收能量，又要向外界释放能量，各种资源要素通过城外向城内聚集、城内向城外扩散两个方面流动，推动着整个城市经济发展。无论何种经济，都须通过一定的空间形式呈现出来，也就是说，各种经济通过不同的空间排列组合构成不同的经济格局。城市经济的发展，离不开生产要素在城市的集中及其在城乡之间、城市与城市之间的流动。

近代城市与当代城市有较为明显的区别，那就是近代城市的聚集作用远远大于扩散效用，即近代城市是在周围地区的支持下发展的，这就使得运用新经济地理学理论解释城市形成与发展成为可能。本章侧重于考察城市中心与外围之间的关系，并拟从交通的发展、区域城市一体化的发展和城市互动的形成几个方面来论述近代城市的发展原因。

第一节　城市经济学中的空间视角

一、城市间的空间相互作用强度

空间相互作用是由美国学者厄尔曼创立的、用以表示两地理区域间相互依赖关系的术语。空间相互作用包括商品、人员、信息，以及资本、技术等要素在地区间的流动和交换。

各城市之间、城市与区域之间都存在空间相互作用，这里主要讨论的是城市之间的相互作用。正是因为存在这种城市间的相互作用，才将空间上彼此分离的城市结合为具有一定结构和功能的有机整体——城市体系。城市之间的空间相互作用性质和强度对城市的发展具有很大的影响。虽然城市间的空间相互作用并非都是有利的，有时也可能对发生相互作用的一方或双方产生不利的影响。但整体上来说，城市间的空间相互作用能够加强相关城市间的联系，优化区域分工与协作，拓宽发展空间，从而获得更多的发展机会。因此，一般可以认为，一个城市与其他城市间的空间相互作用越多，作用力越强，对该城市的发展越有利。

城市与其他城市间的空间相互作用强度，除与发生相互作用的城市的规模和性质有关外，还与城市的地理位置直接相关。例如，处在城市密集地区的城市，它与其他城市的空间相互作用必然会较大，也有利于城市的发展；处在比较偏僻地区的城市，与其他城市发生相互作用的机会和强度就会比较小，对城市的发展相对不利。

二、城市的空间可达性

可达性也称通达性，其字面意思是指某一地区与其他地区联系的便捷程度。可达性研究的历史渊源，从杜能的农业区位论和韦伯的工业区位论中都能窥探到可达性的身影。实际上，可达性反映了区域之间生产要素流通的难易程度，生产要素流通的难易程度很大程度上影响着城市经济发展，如扬州“位于中国南北方结合处的军事战略位置，同时扬州又位于南北方的重叠处，因此它的市场同时为二者服务。长江下游以南不仅仅是扬州的市场，而且是它的商人和文化发展推动力的来源。”①

可达性的影响因素很多，除去空间距离、交通条件等显性的因素外，双方在制度、文化等方面的差异也对相互间的可达性产生重要影响。所以，广义的可达性是一个与空间交易成本相联系的概念，可达性的高低一定程度上反映了空间交易成本的大小。可达性分析主要分析生产要素流通的便捷程度，既包括空间距离又包括时间距离。任何社会经济活动的主体都需要跨越一定的空间距离与其他区域进行物质、人员、资金、信息等方面的交流或交换，特别是在现代社会，这种交流交换更为频繁，涉及的空间范围更大，因此某一区位的空间可达性成为影响该地社会经济活动效益的重要因素。

现代交通和信息技术及相关基础设施建设的发展，使城市之间、城市与区域之间的可达性大大提高，从而明显地改善了城市的区位

① ［美］林达·约翰逊著：《帝国晚期的江南城市》，成一农译，上海人民出版社2005年版，第188页。

条件。但由于城市地理位置的差异，以及交通、通信和信息设施建设空间布局的不均衡性，不同区位的城市的空间可达性具有明显的差异，这种差异成为影响城市经济社会发展的极为重要的因素。因此，在城市和区域发展战略中，一般都会将改善本地的空间可达性作为重要的基础性工作。

三、城市潜在的腹地大小

城市腹地的大小并不仅仅是指腹地的面积，还应该考虑腹地的人口密度和经济发展水平。城市腹地的大小与城市的发展潜力直接相关。从供给的角度来说，腹地是城市发展的各项经济要素和资源的直接来源地，腹地规模大，其可能提供给城市发展的资源、劳动力、资金、土地就更为充足；从需求的角度来说，腹地为城市经济发展提供了最基本的市场空间，腹地规模大意味着对城市产品和服务的消费需求量大。佳宏伟即认为腹地大小与商业关系密切。[①] 当然，在现代城市体系空间经济结构中，由于城市经济分工和专业化的原因，各城市的腹地已经具有相互交叉重叠的空间特点，城市的等级规模不仅与其服务的腹地大小相关，更与其在整个空间经济网络系统中的分工地位相关。腹地的大小对城市的发展有着深刻的影响，腹地规模是影响城市发展的重要因素。

影响某一城市腹地大小的因素主要有以下几点：一是城市规模及向心力，向心力大小是城市腹地大小的关键因素。二是现有的行

---

① 佳宏伟：《区域社会与口岸贸易——以天津为中心（1867—1931）》，天津古籍出版社 2010 年版，第 19 页。

政区划。行政区划显著影响着经济资源的空间配置和市场运作过程，城市腹地大小受城市的行政等级及行政管辖范围的影响。三是自然环境。河流、山脉等常常是人类空间活动的限制性因素，也是制约城市腹地范围大小的因素，河流、山脉常常成为不同城市腹地空间范围的分界线。

城市腹地可以分为现实的腹地和潜在的腹地。现实的腹地是指城市经济目前能够实际吸引和覆盖的区域。由于城市经济实力的限制，城市经济所能直接吸引和覆盖的空间可能并不能完全覆盖所有的区域，一些地区可能在城市经济直接影响范围之外。因此，在区域空间版图中，各城市现实的腹地可能不一定完全毗邻。在城市腹地之外，还有非城市腹地的区域存在。潜在的腹地则是根据城市发展的可能性，将所有区域空间范围均划归成相应城市腹地的空间状况。在区域空间版图中，各城市潜在的腹地是一个连续的区划。潜在腹地大小反映了城市腹地发展的可能性，也反映了城市区位发展的空间潜力。

四、城市可利用的外部公共资源的规模和质量

广义的社会公共资源，不仅包括公共基础设施、大型建设项目等物质性的内容，也应包括制度、政策、文化、社会环境等非物质性的内容。这些社会公共资源具有显著的外部经济效应，并对一定空间范围内的社会经济活动起到推动作用。

在具体分析中，由于社会公共资源包含的内容比较复杂，如制度、政策、文化等内容，不论是其具体的数量特征还是空间定位都难以准确定量，因此一般只能进行定性的比较分析。这些物质性的

公共资源主要包括四大类：一是政府及其他经济主体投资兴建的交通、水利、电力、环保等基础设施，二是工矿企业、大型商业服务业市场，三是高校和科研院所，四是大型公园、绿地及风景名胜等。

对社会公共资源的定量分析主要涉及三方面的内容：一是可利用的社会公共资源的性质和质量特征，不同性质或质量特征的公共资源对区位主体的经济价值是不一样的；二是社会公共资源的规模或数量特征，它直接决定着区位主体获利的多少；三是社会公共资源距区位主体的距离，它决定了这些公共资源对区位主体而言的实际可获得性。

第二节　近代城市交通的发展

近代以来，随着西方列强闯入中国市场，国内外商品贸易不断增多。为提高货品的运输效率，降低贸易的交易成本，对城市之间交通状况有了更高要求。伴随着铁路、航运、公路等新型城市交通方式的兴起，城市交通有了巨大改善，促进了中国传统的交通地理的变迁，城市的交通枢纽作用日渐显现，传统的城市发展格局逐渐打破，对中国近代城市的发展产生了深刻影响。

近代城市交通的改善，成为城市发展的重要推动力量之一，在城市近代化进程中，发挥着越来越重要的作用。新型城市交通方式的发展，为部分城市提供了近代交通地理的优势。位于陆路交通干线或是沿江、沿海等城市，不仅城镇数量持续增加，城市人口也不断增长，城市化水平大大提高。据斯金纳尔统计，“1893 年，中国八大区（长江下游区、岭南区、东南区、西北区、长江中游区、华北区、长江上游区和云贵区）的3920340平方公里土地上，有城镇1779个，其中长江下游区、东南区和华北区就占1189个。”① 为更好地论述近代城市交通的发展，本书从城市铁路运输、航运等方面进行具体阐述。

一、近代城市铁路运输业的发展

1876年，上海吴淞铁路建成通车，在中国历史上具有里程碑意义。中国铁路由于多方力量筑路、多种经营方式并存等原因，使其在近代近百年的历史中经历了曲折漫长的道路。无论如何，中国近代铁路的修建是史无前例的，是具有划时代意义的。近代时期，铁路运输业由公营和私营两部分组成。其中，国有形式占公营的绝大部分，省办铁路只占少数。私营即商办铁路，经历了艰难的创办，最终收归国有。“官商合办”“公私合营”等形式介于公营、私营之间，总体数量有限。以下，将针对中国近代国有和民间铁路的发展加以论述。

（一）国有铁路的崛起

结合中国近代国情，国有铁路的修筑大致可分为以下两种情况：一是利用外资修建，二是本国独立自主修建。其中，将政府主动举借外债和西方列强强行贷款给中国修建铁路这两种情况归为“利用外资”修建铁路。自1894年清政府在中日甲午战争中战败后，清廷

① 戴均良：《中国城市发展史》，黑龙江人民出版社1992年版，第325页。

被迫签订了诸多不平等条约，导致清政府成为帝国主义统治中国的工具，中国完全陷入了半殖民地半封建社会的深渊。英、法、俄、德、奥、比、美等帝国主义列强乘机向清政府施压，攫取中国铁路修建、运营利权。除利用政治、军事手段掠夺铁路修建权、运营权外，西方列强还通过向中国政府贷款的方式操控中国铁路。据统计，清朝时期的铁路大多由外国投资并掌控。中国政府被迫接受列强的贷款，利用外资修建铁路，但往往因此丧失了对铁路的经营权，以及对铁路沿线的经济掌控力；贷款给中国修建铁路，成为西方列强在中国瓜分铁路权的重要手段。

1895 年，清政府开始修建贯穿直隶、河南、湖北三省的卢汉铁路。由直督王文韶、鄂督张之洞担任督办大臣，后又成立“卢汉铁路总公司”，并以大官僚买办、天津关道盛宣怀为铁路大臣，统筹修建卢汉铁路的一应事务。原打算以“官督商办”的形式兴建铁路，但因“商股不足”，只能寄希望于举借外债。借款筑路的消息一经传出，美、英、法、比等国资本家纷纷来华，竞相投标。最后决定，卢汉铁路的修建由比利时借款并负责，借款分 30 年还清，在此期间，比利时公司享有铁路全部行车管理权。除比利时以外，英国陆续“承办”了沪宁线、关内外铁路、沪杭甬路、广九铁路、道清铁路；英、德两个“合办”津镇、津浦铁路；美国及国际银行参与了粤汉铁路的修建等。至此，中国不仅蒙受了巨大的财政经济损失，更痛失铁路利权，帝国主义伺机掀起了借助中外债务瓜分中国路权的浪潮。

京张铁路是本国自主自力建设的重要铁路干线的代表，全长二百多公里，从北京铺设至张家口。1905 年，总工程师詹天佑亲自勘察，选定路线，采取各种措施，解决隧道工程中渗水、塌方等困难。在修建过程中，詹天佑首创“人”字形轨道，即通过两台大马力机车掉头互相推挽的办法，解决了部分线路中存在的因坡度过大引起的机车牵引力不足的问题。1909 年，京张铁路全线建成通车，不仅比原定计划提前了两年，而且修建费用仅有外商标价的五分之一。京张铁路的通车具有里程碑意义，代表着中国的铁路运输业的形成。

（二）民间铁路的发展

经历了中日甲午战争之后，国民意识普遍觉醒，中华民族的危机意识高涨。一些具有爱国主义精神的有识之士，为捍卫国家主权，维护民族利益，不甘中国铁路权落入外国资本主义国家之手，在各省筹办铁路。他们希望“分执铁路股票为子孙永远产业”，并向政府呼吁民间参与铁路事业。事实上，由于长期受到中国封建势力的阻挠和压制、帝国主义势力的破坏和兼并，以及自身的软弱性等原因，民间力量创办铁路经历了极其曲折的发展道路。

早在 19 世纪七八十年代，中国的部分商人、地主和官僚就出现了民间创办铁路的意向，想在铁路上投资创业。在洋务运动的历史背景下，“师夷长技以自强”的思想深入人心，唤起了人们的“自救”意识。伴随着新式工业企业的建立与发展，为保障和满足日益增长的煤炭需求，洋务派积极筹办新式煤矿。以开平煤矿为例，1877 年，中国早期实业家唐廷枢接受李鸿章委派，兴办新式煤矿。但他发现原有的马车运煤，效率低下，运输成本较高，并指出：“若煤铁并运，即须自筑铁路，方可大见利益。是台北矿务，煤井未开，铁路先已筑成，正此之谓。”① 李鸿章遂奏请清政府，批准修建中国最早期的自建铁路——“唐胥铁路”（唐山至胥各庄）。1878 年，开平矿务局正式成立，唐廷枢等人拟定《开平矿务局招商章程十二条》，公开集股，计划招得商股 80 万两，分作 8000 股，每股 100 两。

从 1881 年唐胥铁路交付运营后的业绩来看，铁路的修建为煤矿运输提供了极大的便利，带来了丰厚的经济利益，从而吸引了更多商人对铁路进行投资。1886 年 7 月，开平矿务局商董上书李鸿章，提出延展修筑唐胥铁路，并创办开平运煤铁路公司，募集商股 25 万元。1887 年，李鸿章的回复指出：“事事皆从节省信实做去，所有运载余利入股者照章均分，断不容其稍有含混。此举有关国家要政，官必力为扶持，行诸久远。该公司应办各事悉令照西国通例，由众商董公议。官只防其弊，不侵其权”②。这不仅保障了各商董的切身利益，而且激发了民间力量修建铁路。据英籍工程师金达说：“（唐胥铁路）营运成绩若与当年英国的英格兰、苏格兰两地的铁路相比，还胜过一筹。”③ 由此，拉开了中国民间创办铁路的序幕。19 世纪末，以“扶清灭洋”为口号的义和团运动爆发，何启、胡礼垣等资产阶级代表为谋求国家独立自主，认为铁路是“新政始基”中的要点，主张集中民间资本“开铁路以振百为”，并主张应该摒弃政府监督修筑铁路的传统做法，采取措施满足民众建铁路的要求，令其“倾资以赴”。当时，海外华侨具有浓厚的爱国主义情怀，时刻关注

① 宓汝成编：《中国近代铁路史资料（1863—1911）》第 1 册，中华书局 1963 年版，第 123 页。

② （清）李鸿章：《照录中堂告示》，《申报》1888 年 1 月 22 日。

③ 金达致《华北日日新闻》编辑部函，《北华捷报》1888 年 2 月 24 日。

国事，而国内的社会经济发展也已走上正轨，在华侨代表张振勋1903年上报商部的关于呼吁“振兴商务”的奏书中，明确反对官办铁路公司一手揽办铁路的做法，并说明总公司承办铁路带来的低效率和消极影响，主张“合各商之力，兴各处之路”，以使路事“筹办较易，成效较捷”。此言论一出，便激起了当时资财拥有者投身铁路创业的情怀。①

义和团运动之后，国家内忧外患，民间谋求自保利权、开发资源，有许多爱国人士向清政府提出集资创设铁路的建议，其中有代表性的是浙绅涛寿潜倡议由浙江、福建、广东三省公众集资八百余万两，合修长约一千公里的杭州至广州的杭广铁路，获得了福建、广东两省的广泛响应，然而受列强控制的清政府胆小懦弱，几乎将全部提议予以拒绝。

1905年起，短短数年间，由“绅商”发动，先后在全国过半数省份创设商办铁路公司，筹办各省境内的铁路，将民间创办铁路运输业推向高潮。以四川省为例，英、美、法、德等帝国主义国家对蜀地觊觎已久，但四川人民意识到“四川铁路一入他国之手之日，即四川全省土地、人民永远服属他国之日”。因而对入川勘测铁路的外国侵略者进行了强烈反抗。1903年7月，时任四川总督锡良在赴任途中，体察民情，即刻上奏朝廷“四川天府奥区，物产殷富，只以艰于转运，百货不能畅通”，并称“外人久已垂涎，群思揽办。中人亦多假名集股，而暗勾外人，计取强求，百端纷扰”，故而主张

① 宓汝成编：《中国近代铁路史资料（1863—1911）》第1册，中华书局1963年版，第923页。

“官设公司，招集华股，自保利权。”1904 年 1 月，依据清政府《铁路简明章程》的规定，征求了包括蜀中官绅在内的多方意见，川汉铁路总公司最终成立。1907 年改为商办，更名为商办川省川汉铁路公司，成为各省创设商办铁路公司的表率。

此后，各省以“自保利权”为宗旨，如火如荼地创办各地商办铁路公司，集股修路。民间铁路的兴起不仅促进了中国铁路运输业的发展，更保护了中国的铁路权，有助于畅通城市间的交流并促进城市经济的发展，但各省商办铁路公司在自建铁路过程中，遭到了西方列强的蛮横干预、阻挠和破坏。清政府对列强的恶劣行为从最初的拒绝、驳斥，逐步演变为迁就、退让，最终清政府于 1911 年宣布铁路“干路均归国有”。这不仅侵犯了民间资本的利益，沉重打击了民间创办铁路的积极性，而且激起了民愤，激发了四川的“保路运动”。该运动以“破约保路”为宗旨，有组织、有秩序地向政府请愿，试图通过“文明争路”的形式让清廷做出让步，以保全川汉铁路的主权。四川保路运动不仅在中国近代历史上留下了光辉篇章，一定程度上也是辛亥革命的前奏，敲响了清王朝及封建君主专制制度的丧钟。

近代，中国铁路里程发展很快，“从 1890 年的 10 公里，增加到 1930 年的 13441 公里”①，绝大多数铁路是连接城市之间的纽带，且具有运输速度快、成本低的优势，所以近代铁路的发展极大促进了近代城市的发展。

---

① ［英］安格斯·麦迪森著：《中国经济的长期表现》，伍晓鹰、马德斌译，上海人民出版社 2011 年版，第 50 页。

二、近代城市航运业的发展

中国航运业的产生与发展，也经历了曲折复杂的过程。纵览中国历史，在外国航运势力侵入中国之前，江海帆船航运业占主导地位。帆船航运业不仅满足了自然经济的需要，而且适应了“闭关锁国”时期封建经济的发展。鸦片战争爆发后，中国大门被迫打开，随之而来的外国航运势力对中国帆船航运业是沉重的打击。此外，诸多不平等条约的签订，大批通商口岸开放，导致中国帆船航运无论在远洋运输还是近海运输上，都无法与外国先进的轮船运输相抗衡，逐渐丧失了竞争力。而后，中国轮船航运业的出现，也不是在帆船航运业的基础上发展，而是作为外国轮船航运业的附庸存在。

具体而言，从19世纪60年代初开始，华商购置轮船，挂名洋商经营，中国轮船航运业经历了艰难的发展过程。直到甲午战争后，在兴办近代实业的呼吁声中，清政府终于放宽了对近代航运业的限制，对民营航运业实施有限制度性开放，例如准许“内河行小轮以杜洋轮攘利”。这是清政府在1872年批准开办轮船招商局以来，民族轮船航运业首次在中国江海航线上获得合法的兴办权利。清政府此时允许民族轮船公司建立，主要目的是为筹谋杜洋轮之“攘利”，是不得已而为之，因此，清政府虽然准许小轮业兴办，但在此后的进程中，却对其设置种种限制。从1895年到1900年间，我国华商轮船航运业逐步得到政府的解禁，并在1901年到1911年间，获得了进一步自由兴办经营的权利，但是外国轮船势力步步紧逼，不断侵占江海航线，并占有牢固的垄断地位。在这样的情况下，仅仅靠“准许”开办却没有实质性扶持保护中国轮运业的措施，在非对称竞争格局下，中国民族轮船航运业在与具有强大实力的外轮公司进行竞争时，必然遭遇结构性发展困境而难以顺利发展。这导致除内港小轮船航运业得到较快发展外，江海大中型轮船航运业发展艰难、缓慢。此外，由于内港行轮解禁以后，小轮航运快速兴起，在一些水运条件好、经济往来频繁的地区，小轮公司互相间的竞争日趋激烈。此外，华商在兴办小轮公司的过程中，还经常碰到地方官府的种种刁难和限制，这使得中国民族资本轮运业的生长环境依然充满艰难。中国轮船航运业直到 1912 年才迎来较快发展的契机。在 1912 年到 1921 年的九年间，江海民族航运业初步建立，开始兴建远洋航运业，同时扩大了内港航运业的规模，民族航运业体系粗具雏形。

三、空间距离与时间距离的转化

中国的城市发展与西方不同。近代西方城市的发展大都是在平原展开的，中国多山的地形特点和国家的空间范围决定着在城市发展过程中，交通因素的作用至关重要。

近代以前，水运的重要性远超陆路运输。尽管水运需要依赖风力等自然条件，但其经济优势不言而喻。沿江河区域往往形成经济发达地区，城市也多沿江河两岸分布。究其原因，在生产力低下的古代社会，运输距离的远近直接决定了时间成本和交易费用，即距离越远意味着耗时越长，运输损耗越大，商业风险越高，所以很早便有“千里不贩籴”的谚语。中国历代的屯田制度，其实行固然出于多种考量，但很大程度上亦是囿于交通限制的结果，“军屯一般设于边防要地，使用驻军屯种，目的是解决部分军食，以省转输之劳。”①

近代以来，随着铁路的发展和水运中机械化运输工具的运用，空间距离与时间距离出现了背离。空间距离远近不再是经济成本的决定因素，时间距离反而成为至关重要的因素。换言之，如果两个城市均分布在江河沿岸或者铁路沿岸，虽然空间距离很远，但是两者之间交易耗时却比空间距离近、但是交通不便的两个城市要少得多。因此，近代交通发展以后，空间不再是经济发展的主要制约因素，唐代诗人李白描述的“千里江陵一日还”成为现实，运输成本大为降低，时间距离逐渐取代空间距离成为影响两地经济发展的重要因素，也有力推动了近代区域城市一体化的形成。

第三节　区域城市一体化的形成

工业革命的发生使得近代城市得以产生，同时由于交通和商品经济的发展，促成了城乡关系的演变，带来了区域城市一体化的发展。城乡关系到了近代，研究更具意义，体现了人口从农村向城市的大规模、不可逆迁徙，“工业革命之前，绝大多数人都生活在农村，在历史上大多时期，居住在城市的世界人口低于5%，即使在罗马帝国的巅峰时期和中国的明朝，我们也怀疑城市居民是否达到了10%。”②

---

① 武建国主编：《中国经济史研究》，云南人民出版社1990年版，第142页。

② ［加］马里奥·波利斯著：《富城市，穷城市：城市繁荣与衰落的秘密》，方菁译，新华出版社2011年版，第159页。

一、近代城乡关系演变

一定社会条件下，经济波动、制度变迁、资源禀赋、劳动力流动等因素都影响着城市与乡村之间的关系。近代以来，外国资本主义国家入侵导致传统小农经济的崩溃，伴随着城市的崛起，出现了城乡分离。随着城市化不断加快，产业结构开始优化，分工日趋完善，城乡关系又朝着一体化方向发展。之前，城市镶嵌在广袤的农村之中，城乡界限不明，“中国的城市和乡村社会之间，却没有像其他文明一样，存在固定的疆界。大多数重要的城市中心与周边乡村并无明显界限。集市逐渐融入郊区，继而不断减少，最终与人口稠密的农田连为一体。”① 近代之前的城市，由于城乡关系的对立和单向流动，呈现出畸形的特点，例如明代苏州“是都市化、商业化的，远离并批评政府，尽管它之所以繁荣，仅仅是因为在一个由地主和农民、皇帝和官僚组成的世界中，一种共生关系成功嵌入了一座畸形的城市”②。深刻了解近代城乡关系的演变，以及城乡一体化的发展，对统筹城乡发展，逐步化解城乡二元结构矛盾，加快我国区域城市一体化具有深远意义。

外国资本主义入侵引发了中国空前的社会变动，也直接影响了城乡关系的演变。小农经济的崩盘，打破了封建自然经济的桎梏，促进了乡村向城市转变，一部分乡村地区抓住机遇发展成为新的城

---

① ［美］魏斐德著：《中华帝国的衰落》，梅静译，民主与建设出版社 2017 年版，第 41 页。

② ［美］林达·约翰逊著：《帝国晚期的江南城市》，成一农译，上海人民出版社 2005 年版，第 59 页。

市。东北地区的哈尔滨原为松花江边的小村镇，因 1898 年俄国人修建铁路而成为交通枢纽；华北地区的唐山原为小村庄，因 1877 年兴建煤矿，设立开平矿务局而成为重镇；沿海城市青岛、烟台、威海原为小渔村，因通商口岸在此开辟而繁荣并发展为城市。新兴的近代城市，社会生产力不断提高，城市面貌一改原有的“官僚之风”“乡土之风”，成为具有强大吸引力和辐射功能的经济中心。19 世纪末 20 世纪初，在北方的高阳地区，“一些家庭作坊发展成为拥有 3—10 台，甚至更多织机的小型织布工业就建在自家的院子内，还有一些则在自家房屋附近的土地上建一些厂棚，较大的织布工厂集中在提花织布区，离高阳县城不远，这样织户就可以方便地与赊销棉纱的布线庄和染线厂联系业务。”① 随着中国近代工业化进程加快，新的城乡社会分工促使城乡“二元经济结构”格局日趋形成。所谓城乡“二元结构”，正如发展经济学家刘易斯所指出的，在欠发达的发展中国家，存在着先进但弱小的工业部门和庞大但落后的传统的农业部门。这是由于在国家工业化发展中，长期对城市和乡村、工业和农业实行不同的经济政策。表现为国家长期扶植城市和工业的发展，划分城乡经济和管理体制，并对农村剩余劳动力的流动进行限制。这导致农业长期处于基础地位，服务于或服从于城市化、国家工业化发展的需求，进而城乡资金长期趋向城市流动，社会资本在城市中不断聚集，农业发展萎靡不振，农村贫困加剧。同时，先进的工业部门不断吸引外资，扩大生产规模并在一定程度上带有垄断

---

① ［日］顾琳著：《中国的经济革命》，王玉茹等译，江苏人民出版社 2009 年版，第 84 页。

性质，为城市居民提供了高薪金和优良的社会福利、公共服务等。过剩的农村劳动力受到城市就业高门槛及自身技术能力等限制，只能进入低技术、低工资、低保障的行业勉强维持生计。诸多社会、经济因素最终导致近代城乡居民收入的不断扩大。

尽管在20世纪二三十年代，中国部分地区兴起过乡村建设运动，并起到了一定的效果，但兴办农村学校、改良农业、改善公共卫生、提供金融支持、移风易俗等多项措施最终多未能奏效。究其原因，孙冶方在《为什么要批评乡村改良主义工作》中提道："促成中国农村破产的主要因素，便是帝国主义侵略和封建残余势力之统治；所以这个分析的进一步结论——正面的出路——就是：要挽救中国农村之崩溃，并建立农村改造的必要前提，必定先要铲除这两种因素。"[①] 首先，帝国主义农产品的倾销严重打击了中国农村经济。例如1931年的"美麦借款"和1933年的"美棉麦借款"，帝国主义国家利用本国的剩余农产品——棉花、小麦来冲抵货币，打压了中国农产品价格，在推动工农业产品价格的剪刀差进一步拉大的同时，使农民收入减少，且生活更加贫穷。[②] 其次，土地分配不均也极大影响了农村经济发展。平教会社区调查部主任李景汉在《定县土地调查》中也指出："若不在土地私有化制度上想解决办法，则一切其他的努力终当无效，即或有效，也是很微弱的、一时的、治标的。"所以土地问题是农村问题的重心，只有科学地制定土地制度，解决土地分配不均，才能改善农村经济。最后，过重的赋税影响了农民生

① 孙冶方：《为什么要批判乡村改良主义工作》，《中国农村》第2卷1936年第5期。

② 孙冶方：《为什么要批评乡村改良主义工作》，《中国农村》第2卷1936年第5期。

产积极性。失败的乡村建设运动暴露的问题不仅代表了中国近代乡村中出现的问题，也呈现出近代城乡差距的根源所在。相比于乡村，近代时期的城市建设事业不断发展。以北平为例，北洋政府按照近代城市经济发展需要对城市进行改造，打破了城市传统的格局；大兴公共事业——自来水、电灯、公共电车等，改善城市的居住、出行环境。自1928年至1937年，北平市政建设取得了长足发展，也促进了市民生活水平的提高。综上，多方原因造成了中国近代城乡发展水平的差距，促成了城乡“二元结构”的形成。

随着城乡之间产业、制度、资源、人口等方面趋向协调和统筹发展，城乡一体化成为城乡关系演化的趋势。从经济学角度理解，城乡一体化是城市与乡村在社会分工基础上的有机融合，是制度改革后城乡优势互补，更有利于资源的配置、人口的流动，以及区域经济差异的缩减。马克思、恩格斯在剖析资本主义制度本质，建立科学社会主义体系中，对“城乡关系”也作出经典阐释。他们在《德意志意识形态》中指出：“物质劳动和精神劳动的最大的一次分工，就是城市和乡村的分离。……城市已经表明了人口、生产工具、资本、享受和需求的集中这个事实；而在乡村则是完全相反的情况：隔绝和分散。城乡之间的对立只有在私有制的范围内才能存在。”①城乡的对立是一个历史的范畴，“由于农业和工业的分离，大的生产中心的形成，农村反而相对孤立化。”马克思认为，分工导致工业和农业的分离。随着生产力的高度发展，消灭城乡对立是完全可以实现的。恩格斯在《反杜林论》中强调：“城市和乡村对立的消灭不仅

① 《马克思恩格斯选集》第1卷，人民出版社1995年版，第104页。

是可能的。它已经成为工业生产本身的直接必需，同样它也已经成为农业生产和公共卫生事业的必需。”① 消除城乡对立，城乡关系由对立走向融合才能更好地促进社会全体成员自由、全面地发展。

中国近代城乡一体化发展，符合世界发展趋势——城乡融合，也具有中国本土特色。首先，城乡人口流动日益频繁，城乡贸易往来增多。鸦片战争以后，工业化大生产兴起，各个地区间商业往来频繁，铁路等交通方式为人们的出行提供了便利。其次，近代城市凭借经济的发展将其影响辐射到腹地农村。面对鸦片战争之后强大的外界压力，为维护自身利益，清政府被迫实行了一系列自上而下的政治、经济改革，从客观上促进了封建社会结构的瓦解，使得封建统治者和封建势力不得不采取措施促进民族资本主义工商业、金融业等产业的发展；随着社会的发展，新思想、新观念也在不断传播与逐步形成，部分先进的知识分子和社会开明人士响亮地提出了一些爱国口号，如“实业救国”、与列强进行“商战”等。在这些因素的共同作用下，近代中国城市的经济功能逐步得到提升，初步形成了以城市为中心的区域经济格局，“双向流动”城乡经济关系形成，其经济联系性日益加强。主要表现在：一是城市为乡村剩余劳动力提供新的就业机会，提高其收入水平；二是城市先进的生产技术提高了农产品生产效率，促进了农业产业结构调整。其中一个明显的标志就是经济中非农产业的发展，近代沿江城市的农村家庭手工业发展尤为突出。据史料记载：“有些城市及其邻近地带的织布业已经成为区域化的专业。从这些织布中心，向广大地区发出大量的

① 《马克思恩格斯选集》第1卷，人民出版社1995年版，第56页。

布匹。这种情形以下列各处为多，即长江流域的上海、汉口、沙市、万县等，因此我们看到上海土布远及长江流域，汉口土布则散布贵州、广西，而长江上游及云南则有大量的沙市土布。”[①] 最后，乡村发展水平制约着城市的发展。城市对乡村具有依赖性，城市无法离开乡村而单独繁荣。以上海为例，“人烟稠密，食指众多，每日食米约需万石，而本地非产米之区，全恃常熟、无锡、苏州、同里、泗泾、松江、青浦等处的白米，湖南、安徽的各色籼米等接济。”[②] 因此，剩余粮食率的高低很大程度上决定着城市所能供养的人口数量的多少，也决定着城市化水平的高低。不仅如此，农业原料的供给及农村市场的规模也制约着城市的发展。随着城市经济的发展，城乡市场的扩大，农作物专业化生产日益发达，原来封闭的小农经济被打破，客观上也要求它必须拓展自身经济范围以至与外部市场相联系，以满足农民基本生活的需要和加快农村经济的循环。城乡这种变化，进而促进了经济关系逐步由单向流动转变为双向流动，并且在发展过程中使双向性程度不断得到加强。经济的流动同时促进了人口的流动，城市的“拉力”和农村的“推力”加速了农村人口不断向城市的转移，进而促进了中国城市化的发展。总之，社会生产效率的提高、社会分工的细化，以及近代交通运输体系的完善发展，密切了城乡之间的联系，促进了城乡之间的融合，加快了城乡一体化的步伐。

---

① 彭泽益编：《中国近代手工业史资料（1840—1949）》第2卷，中华书局1962年版，第238页。

② 中国社会科学院经济研究所学术委员会编：《中国社会科学院经济研究所集刊》（第11辑），中国社会科学出版社1988年版，第47—48页。

二、上海、汉口等城市城乡互动发展格局的形成

城乡互动发展逐步成为城市化进程的必然趋势，不仅是城乡经济、社会、文化、生态环境等方面的共同发展，还要建立一种相互依存、协调发展和共同繁荣的新型城乡关系。通过加强经济联系，构建多种形式的融合经济，促进城乡产业融合发展，平衡城乡经济，减小发展差距，从而实现城乡经济融合。通过提高乡村居民文化水平，普及科学文化知识，最终解决乡村诸多问题，实现城乡文化融合。通过打破封闭的人口分布格局，大力发展交通事业，消除劳动力流动限制，实现城乡人口融合。通过保护环境和生物多样性，建立通畅的信息传递渠道，完善物质、能量循环途径，实现城乡生态环境融合。近代以来，一些城市逐步向城乡互动发展。本书以上海、武汉等城市为例，通过其城乡互动实践，尝试考察新型城镇化的发展规律。

中国前近代时期（约1550—1840），城市与乡村的关系表现为在总体结构关系上，城市统治和剥削乡村；在经济关系上，资本呈现“单向流动”——由乡村流向城市，城市与乡村被牢固地维系在自然经济的桎梏中；从政治上讲，乡村依附于城市，城市可以完全支配与控制乡村；从经济上讲，城市的存在与发展以乡村为基础，城市被自然地划分为政治中心与经济中心，在整个中国社会体系中承担与乡村不同的社会职能，以争取早日实现城乡互动发展。第一次鸦片战争后，西方列强利用不平等条约，从中国掠夺原材料，并倾销本国的工业品。上海作为最早开放的五大通商口岸之一，因商而兴，是典型的近代崛起的城市，城市对外贸易、民族工商业等发展迅猛。

19世纪60年代末，广州进出口总额仅为上海的19.4%，上海已经完全取代了广州的中外贸易中心的地位，成为中国对外贸易最发达的城市。在1895年到1911年这6年间，上海工业生产总值的年均增长率约为9.36%，在1911年到1925年间则上涨至12.05%；1925年到1936年间虽有所下降，但仍达到6.53%。若以工业产出作为衡量标准，据不完全统计，上海在1936年的工业总产值已达1182亿元，约是1895年产值的四十余倍，占当时全国工业总产值的一半左右。清末民初，尤其是辛亥革命以后，上海经济的发展极大地促进了城郊乡村经济的发展，乡村也为上海城市提供发展必需的劳动力、原材料等资源，城乡关系随着社会生产力的提高、社会分工的发展逐步朝向互动发展演变。

农产品的商品化和市场型农业的发展，突出表现在作物种植的经济技术推广和粮食作物商品化的发展，而这又是同甲午战争后增设通商口岸、增强对外贸易、修建铁路和新兴工业的兴起紧密联系在一起的。首先，城市的发展带动了城郊乡村农业生产技术的提高及经营方式的改进，同时农业生产效率的提高增加了剩余农副产品的数量，为城市发展提供了物质保障。上海德大纱厂创办人穆藕初，通过改良中国棉种和扩大植棉面积，解决了棉纺织工业发展中棉质退化、原棉不足两大突出问题。不仅在上海浦东杨思桥附近开辟棉种试验场，传授植棉技术，还为棉农提供有关植棉改良的书籍，“用最通俗、最浅近的文字，向农民解释怎样来改进植棉的方法。”① 经

① 陆诒：《悼穆藕初先生》，载穆藕初著，穆家修等编《穆藕初文集》，上海古籍出版社2011年版，第612页。

过两年的探索，单株棉花平均产量二十多个，最多的能达到 40 个，比以往旧棉种产量高出五至六倍。据海关报告统计，在 1921 年，“上海农业方面一个突出现象是棉田逐渐代替稻田，现在上海棉田约占全部可耕田的 60%。”① 其次，上海对外贸易的发展促进了区域内部贸易的发展，并形成了以上海为中心的大规模市场网络，带动了周边乡村经济发展。通商口岸的开辟、城市对外贸易的发展，打破了传统的有限的地方市场营运的较小规模的家庭商行、商店。随着通商口岸数量的增加，农产品输出量不断扩大，在整个出口土货中所占的比重不断提高。同时，也打通了乡村农副产品向城市流通的渠道。依托城市新的运输航线，先进的近代交通工具，城乡之间物资流通加快，城市、农村市场不断融合。铁路是帝国主义列强对中国进行侵略的重要工具。铁路运输大幅缩短了内地农村到城市通商口岸的运输距离和时间，降低了运输费用，随着铁路运输系统的发展和完善，出口农产品的地区不断扩大，品种和数量不断增加，农产品商品化程度不断加强。最后，城乡之间人口流动频繁，城市的发展吸纳了大批农村剩余劳动力。邹依仁在其《旧上海人口变迁的研究》中指出：“上海地区人口的快速增加绝不是仅仅由于辖区的扩大以及人口的自然增加，而主要是由于人口从广大内地迁入的缘故……广大内地的人民，尤其是破了产的农民经常地流入上海，这是上海市区，特别是租界地区百余年来人口不断增加的主要因素。”② 据不完全统计，1929 年上海全市近 20 万纺织工人中绝大多数是农村

① 徐雪筠等：《上海近代社会经济发展概况 1882—1931〈海关十年报告〉译编》，上海社会科学院出版社 1985 年版，第 204 页。

② 邹依仁：《旧上海人口变迁的研究》，上海人民出版社 1980 年版，第 13—14 页。

妇女。在全市72858家商业企业的24万多名职工中，亦以跨省移民居多。此外，全市近3万名码头装卸工人和8万多名人力车夫几乎都来自周边农村。综上，上海城市与乡村关系日趋紧密，协调发展，不断谋求城乡共同繁荣。

1858年，《中英天津条约》规定："开辟汉口为通商口岸。"汉口（今属武汉市）开埠后，成为开埠最早的内陆城市之一，并成为长江流域对外通商的重要口岸。张之洞主政时期，在此兴建了一大批民族工业，使汉口盛极一时，被誉为"东方芝加哥"。汉口地区经济发展很快，成为内陆城市的佼佼者。诚然，城市经济的繁荣离不开经济腹地的支撑，汉口城乡经济经历了由城乡经济的开通迈向城乡经济联合，进而协调发展的阶段。

第一，汉口城市大工业的发展，增强了城市依托的能力，振兴了乡村工业，逐步实现乡村工业化，并建立城乡工业协调发展体系。此时，汉口创办的近代企业约占同时期全国新建官办与官商合办企业的四分之一。1910年以后，汉口的近代工商业有了更快发展，据统计，1911—1926年，汉口三镇共有工厂301家，至1936年底新增536家；城镇人口也从1920年的50万增长到抗战全面爆发前夕的123万，其中工业人口占10%以上。① 第二，通过新技术的革命，促进汉口农业的发展，实现农业与工业的有机结合，不断完善城乡工农共同发展体系，增强汉口城乡物质生产基础。张之洞督鄂期间，不仅肯定了农业在国民经济中的基础地位，他还指出："大抵农工商

① 张仲礼、熊月之、沈祖炜主编：《长江沿江城市与中国近代化》，上海人民出版社2002年版，第260页。

三事，互相表里，互相钩贯，农瘠则病工，工钝则病商，工商聋瞽则病农，三者交病，不可为国矣。”① 主张发挥农、工、商三业各自的积极性，以推动经济的健康发展。张之洞主持创办了湖北织布、纺纱、缫丝、制麻四局等企业，引种美棉，改良湖北棉花品种等，“自湖北设织布局以来，每年汉口一口，进口洋布已较往年少十四万匹。”通过创办龙头企业带动农业的发展，实现以工促农。他坚信“无论于大局如何，要之销湖北之土货，养湖北之贫民。”② 通过发咨文、告示、章程等途径，将科学知识和原理推广到农村，惠及农民，为城市的发展提供物质保障。张之洞还在《劝学篇·农工商学第九》中详细介绍了科学种田的相关知识，特别强调植物学和化学知识。第三，实行城乡通开，打破封锁、分割的旧格局，形成开放的市场体系，发展商品经济，保障城乡间商品、资源、劳动力等要素的正常流通。交通运输业的发展搭建了汉口城乡往来的新桥梁。19 世纪中叶，轮船运输业的发展，改变了长江上“孤帆远影”的古典景观，京汉、粤汉等铁路汉口段先后竣工，新式公路的修建促进了汽车运输的发展，以及覆盖面积广泛的邮政通信。依托交通运输的发展，城市和乡村贸易往来增多，各类土特产品从乡村运输直达汉口，远销国外。以红茶为例，“1863 年，从汉口港出口国外的红茶为 272822 担，而从广州输出减为 133328 担。”③ 近代汉口城乡互动发展格局的形成，建立在联合、协调、分工的基础之上，秉持互利互惠、因地

① 朱有瓛主编：《中国近代学制史料》第 1 辑下册，华东师范大学出版社 1986 年版，第 930 页。

② （清）张之洞：《张文襄公全集》第 1 册，中国书店 1990 年版，第 618 页。

③ 曾兆祥主编：《湖北近代经济贸易史料选辑》第 1 辑，湖北省志贸易志编辑室 1984 年版，第 253 页。

制宜的原则，在一定程度上实现了社会资源的合理配置。

城乡经济是一种聚集与扩散的循环关系。在当代城乡关系中，城市与乡村及其他城市在分工的基础上是相互依存的。一方面，城市作为生产中心和消费中心，为农村地区提供了大量的非农产品和服务；另一方面，广阔的农村地区又为城市提供农业商品和劳动力，以实现双方的统筹协调发展。

第四节　近代城市互动的发展

近代城市的互动发展呈现出复合型特征。在国际互动上，近代通商口岸的建立，衍生出依附性互动的模式，条约与口岸吸纳了大量的外资企业，构建起“原料输出-工业品输入”的殖民经济循环。国内互动层面，近代洋务运动催生出的民族资本主义企业在构建城市网络中发挥了重要的作用，打破了传统行政隶属的垂直关系，形成了以上海、武汉为核心的横向经济连接，带动了技术的扩散与文化交融，说明近代城市发展一定程度上摆脱了农村发展的制约，城市发展自主性提高了。

一、中国近代城市间互动机制的形成

城市是相对于乡村而言的，是各种人文与自然要素的聚集地。对于城市的研究，既要研究城市内部，又要将城市置身于空间体系中的“点”来分析。城市之间在不断地进行物资、劳动力、信息等资源的交换，并通过商品流、人流、信息流实现了城市之间的互动，形成了不同层次的复杂的空间经济体系。在特定区域内，一定数量

的不同性质、类型和等级规模的城市，依托区域内的资源、环境，借助于便捷的交通和发达的综合运输网、信息网，形成以一个或两个核心城市为中心、内部城市相互联系的“城市群”。城市群理论学家认为：“企业或企业集团的组织及其行业对城市群地域结构的演化提供了基本动力，因为城市之间的联系主要以企业或企业集团作为载体。”这种以城市为依托，以企业自主互利的合作为基础，实现城市之间互动的模式，同样适用于中国近代城市间互动机制的研究。

以“自给自足”为基本特征的自然经济，生产力水平较低并很少进行商品交换，这成为中国社会落后的生产关系和阻止中国进步的根源。行政命令指挥切断了城市之间经济和社会的联系，中国城市之间主要是一种纵向的行政隶属关系，表现为行政等级的差异。1840年鸦片战争爆发以来，西方将中国作为商品倾销地和廉价原料供应地，逐渐将中国卷入资本主义世界市场体系。在此背景下，中国传统的自给自足的自然经济逐渐解体。19世纪六七十年代，洋务运动的兴起带动了一批地主、官僚、商人投资新式企业，近代民族资本主义出现萌芽。经济体制的变化，拆除了城市之间联系、互动的“壁垒”，城市逐步跳出了以自我为中心的限制。随着城市的发展、企业规模的扩大、交通事业的发展，生产要素不再局限在特定的地方，不断实现区域内的自由流动和优化配置。不同城市不断谋求合理的城市定位，将城市经济融入区域一体化发展之中，建立城市之间的竞争与协作的关系，推动区域经济健康发展。从微观角度来看，多个企业经营活动在空间上的整合就构成了复杂的城市流通网络。企业的物资、人力等资源的需求，促进了社会资源的调拨；企业的竞争与合作，搭建了城市之间互动的桥梁；企业数量、规模的增长，促进了区域内城市体系的形成。社会的变革使得传统城市的封闭式结构不断被打破，具有近代思想的知识分子、新式商人不断出现，城市居民的思想观念也发生着变化，人们不再安土重迁。雇佣工人随着工商业、交通运输业等的发展而增多。综上，中国近代政治、经济、文化等多方面的发展，共同推动了城市之间互动机制的形成。

以中国近代城市为例，首先是部分重要城市工商业的发展，企业对劳动力的需求，带动了城市之间劳动力的流动。据 1935 年对汉口 8474 名工人的调查，75. 5%的工人为湖北籍贯，7%为浙江人，5%为江苏人，3. 8%为湖南人。20 世纪 20 年代末对上海曹家渡 230 户的工人家庭的调查显示，在该区域工厂里做工的工人绝大多数为江、浙、皖、赣、湘、鄂、鲁等省份的移民。上海机械行业中的技术工人从 1920 年的 2871 人增至 1931 年的 9754 人，吸引了大批外来务工人员。其次是立体化的交通网络为城市间的物质运输奠定了基础，促进了资源的自由流动。汉口地处华中茶区腹地，凭借优越的地理位置和便捷的交通，每年集散鄂、湘、皖、赣、川、陕等省的茶叶，均在几十万担以上。棉花在 20 世纪 20 年代取代茶叶成为汉口市场农产品第一出口大宗，除去汉口本地市民及纱厂需求七八十万担外，其余一百多万担远销上海、广州、青岛等地。商品贸易往来不仅促进了地区经济的发展，而且为城市间互动机制的形成奠定了基础。最后是城市产业结构、地理区位、发展历史、城市规模等方面的差异，决定了不同城市在城市间互动机制中的地位、定位的不同，各级城市存在着多种经济联系和经济内容的互补。最能充分表现沪汉两地经济机构在行政方面统属关系的是外国银行，这些银行或洋行往往在上海设立总行，而在汉口设立分行或办事处。汉口汇丰银行不仅在行政方面处于被支配地位，而且在业务上对上海也有很大的依赖性。汉口汇丰银行每天的外汇标价是以上海电汇来的沪市行情为依据的，每天沪行将该地的外汇涨落通过密码拍往汉口，汉口行再根据沪行情报和自己手中外汇涨落情况定出价格。一天的交易完毕之后，银行根据当天外汇进出进行平衡，如果多余或缺额达到一定限度，必须电告沪行，由沪行进行平衡，汉口汇丰银行并不承担任何风险。正是不同层次、不同功能的城市，才构成了城市网络中的各个节点，整个城市体系相互依赖，共同发挥作用。

二、长江沿岸城市之间的互动发展

著名人类学家弗朗兹·博厄斯说过："人类的历史证明，一个社会集团，其文化的进步往往取决于它是否有机会汲取临近社会群体的经验。一个社会集团所获得的种种发现可以传给其他社会集团；彼此之间的交流愈多样化，相互学习的机会就愈多，信息交流关系到社会群体是否能够与世界发展保持同步。大体上，文化最原始的部落也就是那些长期与世隔绝的部落，因而，它们不能从邻近部落所取得的文化成就中获得好处。"文化是这样，经济、城市化的发展亦如此。中国近代长江沿岸的城市，走出中世纪的封建镇邑，走向具有近代文明城市的过程就验证了这一观点。重庆、武汉、南昌、合肥、南京、上海、宁波等长江流域沿江城市突破传统封建镇邑的桎梏，以流域为纽带开展城市协作，建立城市间的互动机制，无论是对沿岸城市本身，还是对于中国经济全局而言，都至关重要。本书即立足于近代中国特殊的历史语境，探讨长江沿岸城市之间的互动发展。

以上海与汉口为例，鸦片战争之后，凭借得天独厚的地理优势和历史机遇，上海发展成为大都会，同时拉动着长江沿岸城市的发展。长江沿岸城市的发展又对上海的扩张起到推动作用。其中包括九省通衢的汉口，与上海建立了良性互动。首先，城市间的互动离不开交通业的发展。从地理位置看，上海、汉口同为濒江城市，近代长江轮运依托长江这条黄金水道，打通了城市发展的经络。特别是上海、汉口先后开埠，申汉间的近代航运的开通，使生产要素和资源在各地区间流动的交易成本大幅度降低，大大加速了湖广经济区、江浙经济区产品的流量。据统计，1916 年汉口经水陆出口的茶叶共计 33661341 磅，其中经上海转口 21566044 磅，占汉口茶叶出口总量的 64%。同时，上海也跳出了吴越经济圈，以汉口为最大的贸易伙伴。1936 年统计数据显示，全国各大城市中，无论是向上海输出还是输入量排名，汉口都位于第一位。这一切表明，经贸的发展促进了以长江为枢纽的江浙与湖广两大经济圈整合。其次，申汉经济互动成为城市间互动机制的重要组成部分。上海对于汉口而言不仅是通向海外的重要跳板，成为汉口出口土货的终端码头，而且上海是汉口土货重要的消费市场和加工场所。汉口仰仗上海进行间接出口和转口贸易，并销售原材料、农副产品等。以小麦为例，1936 年有六十余万担小麦从汉口运销至上海市场，占上海小麦总输入量的 70%。从汉口输入上海的部分产品，如棉花，经过加工运销至全国各地乃至海外。随着上海大机器的使用，成为东南地区棉纺织业中心，对棉花的需求不断增加。因湖北是全国的产棉大省，所以汉口成为上海棉纺织业原料的重要来源地。进入上海的汉货在当地直接消费。桐油向来产于我国川、陕、湘等省，由于那些地区水利交通便利，内地产品多集中于汉口，其集中量曾达全国桐油总量的70%以上，从而使汉口成为中国最大的桐油出口商埠。最后，上海工商业的兴起，企业工厂的兴办不断吸引着外地剩余劳动力的涌入。同时，也带动着其他城市工商业发展。汉口的江浙帮大多是从上海地区的母体中分离出来，并在汉口投资建厂，如福新第五面粉厂、申新第四纺织厂本身就是上海荣家茂福申新总公司的子公司。

三、申汉互动

"上海可以看作中西城市史研究主题相融合的典型例子，尤其是围绕城市现代化……反映出现代性与中国社会文化传统之间的张力与矛盾。"① 近代上海抓住难得机遇，实现了经济发展，并与位于长江中游的汉口开展了良好的互动。

（一）申汉互动的桥梁——近代长江轮运

以申汉为例，申汉间的互动关系是以近代航运的构建为基础的。交通是城市发育的经络。近代交通与近代城市是互为条件的。公路和空中航线、江河航运构成了近代城市的立体交通网，但是由于国力、地理、技术等多种因素的制约，开发长江这一黄金水道的近代航运要比最初建铁路、兴空运更为可行。申、汉都是濒江城市，上海、仪征、汉口早已是长江航运三大中心，在木帆船时代即为有名

① ［英］肖恩·埃文著：《什么是城市史》，熊芳芳译，北京大学出版社 2020 年版，第 33 页。

的船码头，其“得水独厚”的地理条件使其快速地成为近代港口城市。申汉间的互动是与城市的港口化同步的。上海濒江沿海，扬帆可北上天津、南下广州，西进南京、武汉、重庆。美国学者罗·墨菲将上海视为“现代中国的钥匙”，这把钥匙也启动了申汉间的经济互动。

近代航运业大大加速了湖广经济区与江浙经济区产品的流程。从海关十年报告的统计来看，汉口在1882—1931年间虽历经战乱，屡遭自然浩劫，但出口增长的势头却从未被打断。1882—1891年汉口对外贸易净值为318000000汉口海关两，1892—1901年上升到494076939汉口海关两，1902—1911年达到1102270000汉口海关两。汉口出口的增长在很大程度上是以上海为终端码头的转口的增长。以茶叶出口为例，1916年是汉口茶叶外贸历史上少有的高峰年景，这一年经水路出口的茶叶共计33661341磅，其中由汉口直接出口的为12095297磅，从上海转口的为21566044磅，占汉口茶叶出口总额的64%。同时，上海也跳出了吴越经济圈，以汉口作为自己最大的贸易伙伴。1936年全国各大城市按向上海输出和输入量的大小排定的前8名显示，这一年从上海输入量排在第一位的是汉口，占36%；从输出情况来看，汉口也位居榜首，占15.3%。这一切表明，长江出海口被打通，江浙与广州，湖广与广州的纵向联系渠道被打破。

（二）申汉经济互动发展

随着长江水运体系的日渐完善，申汉两地间的联系渠道不断拓宽，形成了相互促进、共同发展的关系。这种依存关系对两个城市都是不可少的，而且是互惠的。在互动关系中，上海保持了领先地位，汉口亦紧随其后，均成为国际性商埠。为了便于考察，本书选择汉口为立足点来考察上海对汉口经济的辐射与震动。

汉口在中古时代的商场角逐中，以其便捷的水陆交通，覆盖九省市场而显示出其优势，但由于其深处内地，一旦推入国际商战的大潮，要与沿海城市竞技便显得力不从心。汉口更为昌盛的是间接出口和转口贸易，而这方面必须依赖于上海。汉口越洋销往海外市场的绝大部分产品要在上海转口，上海对于汉口来说是通往海外的跳板，近代汉口的茶叶出口有助于解释这一点。据茶市的调查，1915 年年初到 10 月，汉口茶叶经上海出口运往英国共计 71115111 磅，运往欧洲各国 67844 磅，运往欧俄 3453969 磅，由上海运往北方再转运俄国 8977569 磅，而从汉口直接输英的只有 2179343 磅。茶叶的出口况且如此，其他产品的出口可见一斑。

就国际贸易而言，上海是汉口出洋土货的终端码头；从国内市场的互补来说，上海又是汉口土货的重要消费市场和加工场所，进入沪市的汉货在当地直接消费。据统计，1936 年汉口内销桐油 15588 公担，上海占到了 11802 公担，成为武汉桐油市场在国内的最大客户。

上海是长江流域最先开放的城市，伴随着西方产品的流入与资本楔入，上海成为近代中国殖民程度最深、近代化程度最高的地区。汉口开埠后，西方列强把在上海所做的一切搬到这里，辟租界、建码头、设洋行、办银行。不过，从西方的这些“舶来品”中不难发现，它们有的是上海模式的移植，有的则是上海母体的派生，从而使申汉的不少机构在行政上有过统属。江汉关是这方面的一个很好例证。1853 年西方列强利用小刀会起义完成了对江海关的改组，外国人窃据了中国海关的管理大权。1861 年汉口开埠后，根据赫德的旨意，“货物出口入口，税课俱在上海，镇江完纳……楚北无须添设关卡，以节靡费。”① 汉口与外国的商务由地方委员与领事共同管理，征税与监督盘验权均委托给上海，这样江海关实际上遥领了对汉口外贸的管理，这种状况直到 1862 年底江汉关设立后才告结束。江汉关的设置，使汉口的对外贸易与江海关脱钩，但它是江海关模式在内地的再版，从行政体制上的双轨制到全新的近代海关管理方式，无一不是从上海借用而来的。

上海市场对汉口震动最为强烈的要数金融业。近代前期，申汉两地都有票号、钱庄、典当、钱炉坊等旧式金融机构，经营存放、汇兑、兑换、保管、出纳等业务，但它们的一般职能是满足本地市场的金融周转，加上两地直接经济交往不多，也使得金融界的往来显得冷落。这种局面在近代被打破，归结于两个因素：一是上海作为一个国际金融中心的形成，近代银行体制传输方式的建立，理所当然使汉口成为上海的一个辐射场；二是申汉经济的联动，促进了金融联系的加强，上海银币的库存对汉口金融市场流转是否顺畅至关重要。

武汉金融市场对上海的倚重通过 1927 年南京政府对武汉金融封锁致使武汉市场的全面崩溃可窥见一斑。宁汉分裂后，蒋介石为了实现不战而屈人之兵的目的，要求禁止与汉口的金融来往，停止“汉钞”使用与兑现。尽管武汉国民政府为挽救信用危机采取了“现金集中”的政策，但金融市场的摇晃并未停止。由于武汉与外地经

① （清）文庆等：《筹办夷务始末》，中华书局 2014 年版。

济联系中断，武汉市面流通的纸币信用大受影响，钱庄汇兑业务不得不收歇。在这次政治风波的冲击下，武汉钱庄停业和闭歇的有43家，保留下来的69家绝大部分也只是名义上保留牌号，实际上关门清理以躲避风潮。这次事件不仅是对武汉金融界自我生存能力的一次考验，而且也是对申汉金融互动的一次检阅。

总之，近代武汉（以汉口为核心）经济腾飞，走向世界往往依托于上海，同时上海往往以武汉作为经济后续，支撑其经济中心的地位。申汉两地的互动机制成为中国近代经济发展中的典范，对今天的经济研究仍有借鉴意义。上海、武汉走出中世纪的封建镇邑，走向具有近代文明的都市证明了这一点。近代不平等条约打开了中国的国门后，上海成为中国通向世界的主要门户。在武汉走向世界的过程中，对上海模式与经验多有借鉴；而处于世界经济循环圈中的上海又常以武汉作为其经济腹地，两者相辅相成、共同发展。在面临全面建成现代化挑战的今天，申汉经济交往的历史是很值得总结的。

城乡互动的形成和城市互动的形成使得城市规模效应日益显著，既包括生产方面的利益即生产规模经济，也包括消费方面的利益即消费规模经济，聚散效应就更加明显。

空间聚散也能带来市场效率的提高，由于空间聚散市场变得日趋发达和完善，市场运行效率得到了提高。城市聚集经济使得城市作为城市吸引力有力地推动着城市区域的形成和发展。空间经济学认为，经济的聚集不仅为城市经济发展提供了必要的生产要素，而且促进了生产要素在更广阔的范围内自由流动，促进生产要素使用效率的提高。因此，聚集的形成有效地推动了城市的不断发展。

第三章　分工深化与近代城市发展

分工分为国际分工与国内分工，近代国际分工的形成是建立在暴力的基础上的超经济强制的分工。国内分工则促进了城市之间的专业化发展，并通过规模化生产以降低生产成本。

杨小凯的超边际分工理论认为，分工是一种超边际决策，分工会带来专业化经济，但同时也会带来交易成本的上升，在这个两难冲突（trade-off）中做出的权衡便是最优分工水平。城市化是人类文明历史演进的集中体现，城市是社会分工发展的结果，反之城市又推动社会分工不断深化。

分工与专业化生产可以产生巨大的经济利益。究其原因，主要有以下几个方面："分工与专业化生产有助于提高企业的经营管理效率；分工与专业化促进了生产方式的发展；分工与专业化能够促进劳动生产率的提高；分工与专业化有助于技术创新和进步。"①

---

① 盛洪：《分工与交易：一个一般理论及其对中国非专业化问题的应用分析》，上海人民出版社 1994 年版，第 39—43 页。

第一节　地域分工与城市发展

一、地域分工

分工是指许多劳动者分别从事各种不同而又相互联系的工作。英国古典政治经济学创始人亚当·斯密在他的《国民财富的性质和原理的研究》中，开篇就提出了分工的意义。他指出，经济发展和财富增长取决于劳动生产力的增进，而劳动生产力增进的根本原因是分工。伴随着社会进步和经济发展，分工和专业化从低级向高级持续演进。地域分工的理论主要包括亚当·斯密的绝对利益理论、李嘉图的比较利益理论和俄林的价格差异学说等。

18 世纪是资本主义上升期。亚当·斯密认为，每个国家都拥有生产某些特定产品的绝对的、有利的条件，因此在这些国家生产特定产品的成本是绝对低的，此即“绝对成本说”。若每个国家都按照自身的优势开展专业化生产，可以使生产要素的效果达到最佳。在此基础上，再通过贸易互通有无，以实现整个社会效益的最优，这便是亚当·斯密的分工理论的基础。该学说是应 18 世纪经济发展而提出的，随着经济社会的发展，该学说的局限性也日益显现，特别是当该理论的运用对象是经济发展水平悬殊的地域时，若按照绝对成本说的规律，因为落后国家或地区的劳动生产率均低于先进国家或地区，那么前者只好选择闭关自守来避免同后者发生经济联系了。这显然与国际贸易的现实发展状况不符。

李嘉图提出了基于相对成本论的地域分工理论。他认为，在两个国家中，各自发挥自身的比较优势进行生产，这两国便能够在地域分工和贸易中取得双赢。俄林在此基础上又发展了分工理论，推动了全范围内分工与贸易的发展。

二、地域分工发展

从经济学角度来讲，城市是分工的产物。分工与城市有某种内在联系的思想，最早可以追溯到古希腊、古罗马时期。古希腊哲学家和经济学家色诺芬较早研究分工，他发现城市的出现与人口的集中密切相关，反过来城市的发展又助推了人们实现劳动分工和专业化。柏拉图也从分工角度研究城市问题，他认为城邦的建立是因为每个人不能单靠自己达到自足，他在《理想国》里写道："我们每个人为了各种需要，招来各种各样的人。由于需要许多东西，我们邀请许多人住在一起，作为伙伴和助手，这个公共住宅区，我们叫它作城邦。"①

近代城市的地域分工一般可以分为农业生产的地域分工、工业的地域分工（尤其是工矿业及对资源依赖明显的工业），以及口岸城市的地域分工。农业生产的地域分工，指的是随着经济发展，一些农业生产的地域特征日益明显，"茶叶出口贸易增长导致旧茶区扩大种植面积，新茶区不断被开辟出来，有的地方甚至拔除别的经济作物，改种茶叶。如福建武夷山在1850年代后茶树种植面积迅速扩

① ［古希腊］柏拉图著：《理想国》，郭斌和、张竹明译，商务印书馆1997年版，第58页。

大"[1]，以至于"在玉山及河口镇一带，即是在武夷山的北面，栽种着大量茶树并制造着大量茶叶，以供外销。上万英亩的土地都种着茶树，而且大部分的土地显然是最近几年内开垦和栽种起来的"[2]。工业的地域分布指的是各城市依托所在区域的优势与特点，形成了各自工业的特点。这两方面相关论述较多，兹不赘述。近代城市的地域分工，在很大程度上表现为开埠通商后，中国城市卷入世界分工体系与贸易体系，并促进地域分工日益明显。本书以早期经济全球化为视角，选取云南通商口岸为样本，来探讨近代城市的地域分工。

三、早期经济全球化视角下的城市地域分工——以云南通商口岸为例[3]

本书以世界近代经济全球化为背景，选取19世纪末20世纪初云南边境三个相继开埠的城市蒙自、思茅、腾越为样本，探讨1840—1949年间云南通商口岸的独特性及其对边疆民族地区社会经济的诸多影响。

（一）早期经济全球化与异质世界的产生

关于早期经济全球化的概念谱系，当前学界还存在分歧，本书

---

① 仲伟民：《茶叶与鸦片：十九世纪经济全球化中的中国》，生活·读书·新知三联书店2010年版，第223页。

② 姚贤镐：《中国近代对外贸易史资料（1840—1895）》第3册，中华书局1962年版，第1473页。

③ 肖建乐：《云南近代通商口岸研究》，《云南民族大学学报》（哲学社会科学版）2012年第5期。

主张经济全球化是经济世界普遍交往的结果，是伴随着生产力的发展与社会分工的扩大，不同地区人们经济交往日益密切的过程。如果将19世纪末20世纪初视为经济全球化的大规模发展时期，之前的发展时期不妨称之为早期经济全球化。

早期经济全球化可以分为三大阶段。第一阶段是特殊商品远距离交易时期。这一时期大约从3世纪到11世纪，这一时期的主要特点是各大洲之间由于自然条件的差异而导致物产的不同，各地之间为了互通有无而开展贸易。这类贸易的物品由于距离远、成本高，大都属于奢侈品，像中国与西亚的丝绸之路、云南与南亚和东南亚的茶马古道所运输之商品均属于此类。第二阶段属于日常消费品的大宗贸易时期。大约从11世纪欧洲的地中海开始，经过新航路的开辟，逐渐跨越欧、亚、非、美四大洲。航海技术的发展促进了新航路的开辟，促进了贸易范围的扩大，并促进世界市场的形成。这个时期的世界经济从内容上仅限于贸易范畴，也仅有少部分经济较为发达的国家参与。第三阶段是商品化生产带动商品交换发展的贸易时期。这一时期肇始于18世纪，并且伴随着工业革命的发展与资本主义政治制度的确立而逐渐发展繁荣。从此，人类社会历史开始进入了资本主义一统天下的时代，地区性、民族性的市场开始向世界性市场转变。18世纪在英国开始的工业革命正是这一世界性运动的开端。工业革命是促进世界经济全球化发展的重要推动力量，它使世界范围内的社会分工成为常态，促进了生产专业化程度的提高，促进了现代意义上的国际市场的形成。

第三阶段与前两个阶段有着明显的区别。前两个阶段侧重于贸易，属于互通有无的性质，不同地区间尚未形成持久的差距；而第三阶段不同地区的差距首先体现在技术水平与制度差异所决定的生产力水平上，不同地区的经济发展差距不再具有偶然性，而是具有必然性，进而导致了异质的世界逐渐形成。

伴随着经济全球化的发展，原来扁平式的世界不复存在，两极化的倾向日益明显。各地区之间的经济发展不平衡日益加剧，集中表现在以下几个方面：一是生产力发展水平的不平衡。生产力发展水平的不平衡促成了不同国家经济总量和整体实力的巨大差异。二是生活方式的不同。不同的经济发展水平导致生活方式不同，发达地区的人们能够参与和分享社会进步的成果，而落后地区依然过着几千年来日复一日的日出而耕、日落而息的传统生活。三是技术革新与应用的差异日益明显。发展中国家技术运用水平低，而技术发明依然带有偶然性而非有目的、有计划之结果，发达国家则相反。四是制度的差异突出。发达地区有日益完善的产权制度与市场体制，落后地区却依然依赖习俗、传统道德等软约束力。

同质世界向异质世界的转变，使世界上的国家出现了明显的分野，一部分国家的发展驶入了快车道，发展速度日益加快，另一部分国家的发展则驶入了慢车道，发展缓慢。异质世界的形成，带来的差距不仅仅如此，更加体现在两者之间的鸿沟越来越大，而且发达国家或地区的发展也更多地建立在对不发达国家或地区的盘剥上。在旧的国际经济秩序下，表现在发达地区对不发达地区资源的巧取豪夺上；在新的国际经济秩序下，则是通过规则的设立使得财富自然流向发达国家，而由此带来的更为严重的后果是，落后地区改变落后的难度日益加大。以 15 世纪以来世界上处于领先地位的国家为例，15—16 世纪，葡萄牙与西班牙通过发展海外贸易，确立了其海上霸主及世界霸主地位；17世纪荷兰大力发展对外贸易，成就了“海上马车夫”的传奇。这些国家的发展在随后几百年的时间内虽有起伏，但大致还是雄踞发达国家之前列。18世纪兴起的英国与19世纪兴起的美国，时至今日仍居世界之前列。与此形成鲜明对比的是，15世纪以来沦为发达国家殖民地的亚非拉等广大地区，其中更包括举世闻名的“四大文明古国”，不管其历史上如何辉煌，至今却仍属发展中国家之列。三百多年来，世界上形成的发达国家与发展中国家之分野，其大的格局没有发生根本性的变化，形成的超稳定结构也是几千年人类文明史所仅见的，充分证明了18世纪以来异质世界的形成所带来的深远影响。

表3-1清楚地反映了早在1870年形成了发达国家与发展中国家分野后，两者经济发展的巨大差距，其中英国的人均实际GDP是非洲的近8倍；随着时间的推移，这一差距日益明显并进一步扩大。美国、英国等老牌的发达国家发展势头强劲，1998年美国人均实际GDP达到近2.8万美元，是非洲的20倍。表2也清楚地反映了从1870年占人口20%的高收入群体与占人口80%的低收入人群收入差距为4倍，随着时间的推移，差距逐渐扩大。①

表3-1　人均实际GDP（1990 Geary-Khakis）

单位：美元

	1870年	1913年	1950年	1998年
非洲	444	585	852	1368

① Nicholas、Crafts、左连凯：《从历史视角看全球化与经济增长》，《经济资料译丛》2007年第2期。

续表

	1870 年	1913 年	1950 年	1998 年
中国	530	552	439	3117
印度	533	673	619	1746
拉丁美洲	698	1511	2554	5795
英国	3191	4921	6907	18714
美国	2445	5301	9561	27331

资料来源：Madison（2001）。

表 3-2　国际收入差距指标（1870—1999 年）

单位：美元

	20%	80%	比例	差距		
人均实际 GDP						
1870	1996	500	4	1496		
1913	4146	552	7.5	3594		
1950	6338	428	14.8	5910		
1973	12595	773	16.3	11822		
1998	17982	1363	13.2	16619		
基尼系数						
1900	0.393		1970		0.539	
1950	0.53		1998		0.496	

（二）“中心—外围”理论与云南通商口岸

由于世界的异质性，欧洲形成了典型的中心，亚非则成了外围。最早提出“中心—外围”理论的是被称为“20 世纪拉美历史上最有影响的经济学家”劳尔·普雷维什，他认为世界由生产结构同质性和多样化的“中心”和生产结构异质性和专业化的“外围”两方面组成，而且这两个体系的地位与作用是不平等的。

首先，表现在游戏规则的不公平。“由于体系中心依靠较为广阔的地区生产而积累财富，当地区等级体系和阶级统治的确立形成较大的交流体系并使其稳固时，中心—外围关系就进一步将这种地区性的阶级结构纳入了一种不同的体系。”① 异质世界产生以后，世界经济的话语权即制定规则的权力便集中在少数发达国家手中，他们利用这一权力制定了一系列符合自身利益的规则，大力抬高上游产品与工业品的价格，压低初级产品价格，从而使得财富从发展中国家逐渐流向发达国家。

其次，表现在中心与外围生产的目的不同。中心技术水平高，制度先进，外围则相反；中心以追求利润最大化为目的，侧重于商品的价值，外围生产的目的则是为了满足自身的需要，以追求商品的使用价值为最终目的。处于中心的国家与地区生产的核心目的是赚取利润，为了不断赚取高额利润，他们势必不断增加商品的产量，这样客观上需要商品的销售突破国家的界限，使得商品销售半径由中心向外围扩散。与此同时，处于外围的国家与地区生产的目的是满足自身需求，以自给自足为主，商品经济极不发达，这种自给自足的经济结构对外来的商品有一种天然的抵触和排斥。

正是由于中心与外围是两套不同的生产体系与价值体系，两者之间缺乏必要的交叉。当处于中心的发达国家想把处于外围的发展

① ［德］安德烈·冈德·弗兰克、［英］巴里·K. 吉尔斯著：《世界体系：500 年还是 5000 年？》，郝名玮译，社会科学文献出版社 2004 年版，第 73 页。

中国家变成原材料的产地和产品销售市场时，发现前面所讲的中心与外围两者之间的重大差异无异于是难以逾越的鸿沟，成为中心与外围经贸往来的巨大障碍。

正是基于上述原因，在中心与外围之间设置一些过渡地带或者缓冲地带就成为历史的必然，这样通商口岸就应运而生了。通商口岸设立后，处于中心地位的国家往往利用政治与军事地位，强迫落后地区减免关税，降低商品输入门槛；另外，以通商口岸为跳板，逐渐扩大产品销售市场。云南开埠后，对大理的影响十分明显，周宗麟先生在《大理县志稿》卷六《社交部附论商务之变迁》中详尽描述了这一影响："吾邑风气夙崇俭朴……洋货始渐输入。自越亡于法，缅沦于英，于是洋货充斥。近则商所售洋货，人所市洋货，数千年来之变迁，未有甚于今日者。"通商口岸的设立，一方面，使处于外围的地区有了商品经济意识与市场意识，开拓了这些地区人民的眼界；另一方面，由于双方经济实力与科技实力不在同一水平上，处于外围的地区只能被动地接受外来的商品，而缺乏主动出击的实力。现以云南蒙自、腾越和思茅三通商口岸开埠前后贸易情况为例详加论述。

随着近代帝国主义加紧入侵中国，云南的内陆口岸被依次打开，1889 年蒙自开关，1897 年思茅开关，1902 年腾越开关。随着三口岸城市的设立，西方以这三个口岸为媒介，开始了大规模的商品倾销与原材料掠夺。最突出的是进口贸易以工业品为主，而出口方面，除了以往的黄丝仍占首位外，还有石磺、皮革等工业原料。腾越海关仅 1911 年就进口英国原色布 21213 匹、意大利布 11628 匹。1927 年进口棉布价值 750229 海关两，占当年进口总值的 20%以上，对云南原有的经济形成了巨大的冲击。蒙自海关的进出口贸易额位居三海关之首，所以蒙自的数据可能更容易说明问题。据钟崇敏先生推算，从1912年到1937年的26年时间里，蒙自海关对外贸易的货值约占云南省对外贸易的80%。[①] 自蒙自海关开关的23年时间里，进口的棉纱、布匹等占进口总值的40%，而出口的大锡则占出口总值的80%。与此同时，国内对锡的冶炼尚不足总产量的20%。[②] 在云南省首府昆明，“咸（丰）同（治）以前，城乡居民咸能习此（指手工纺纱——作者注）以织土布，故名土纱。一迫洋纱入口，织者遂不用土线，纺者亦因此失业。”[③] 滇缅、滇越边境广大地区少数民族都在不同程度上受到了影响。在外来商品的大规模侵蚀之下，云南各少数民族逐渐改变了传统的生产、生活方式，逐渐被卷入资本主义的生产体系当中。

（三）边民贸易与通商口岸

云南与周边国家有四千多公里的边境岸线，地域相近，习惯相似，与毗邻各国乃至中南半岛国家有着悠久的贸易交往史。在没有严格国界概念的情况下，大量的贸易仅仅局限于边境线附近，且属于互通有无的性质。

边民互市的历史久远。云南有着独特的和多样化的自然地理环境，崇山峻岭居多，平原少；湍急河流多，适宜通航的平缓河流少，

---

① 钟崇敏：《云南之贸易》，1939年手稿油印本，第232页。

② 龙云等编，牛鸿斌等点校：《新纂云南通志》卷一四四《商业考二》，云南人民出版社2007年版，第109页。

③ 龙云等编，牛鸿斌等点校：《新纂云南通志》卷一四四《商业考二》，云南人民出版社2007年版，第105—117页。

这些特点决定了云南交通不便，与内地联系缺乏。在相当长的一段时间内，与国外的商品交流规模也较小。另外，云南地理形势复杂，气候多变，物产丰富，决定着云南与国内其他地区之间、与国外之间物品的异质性强，有发生交易的内在需求。历史记载，在公元前4世纪，云南就与周边国家发生了贸易往来，且贸易范围更延伸至同时期的文明古国印度，这条古商道随着历史的推进，影响也日益扩大，被德国学者 Richthofen Ferdinandvon 称为“南方丝绸之路”。这条道路在唐宋时期达到了其第一个贸易繁荣的高峰。据《史记·西南夷列传》记载，公元前122年，汉朝使者张骞从大夏（今阿富汗）归国，说他行经大夏时曾见到产自中国四川的蜀布和邛竹杖，他问当地人“此物从何而来?”当地人答曰：“从东南身毒国，可数千里，得蜀贾人市”。身毒即今天的印度，可见至少在公元前2世纪，中国商人已经开辟了由内地到南亚诸国的商路，云南理所当然成为必经之路。印度史书《政事论》亦有“产自支那成捆的丝”的记载①，与中国史书的记载相互印证。中国与越南的交往当属最早，《韩非子》中即有“尧有天下，南至交趾”等相关记载，说明在传说中的上古时期越南已属于中国范畴。方国瑜先生考证说：“自蜀赴交趾，经滇池自蜀赴交趾，道经滇池，滇以南应有较为发达的部族，汉初设治之句町、进桑，在战国时已有部族组织，虽不见于记录，惟可得而说。句町地在白河（盘龙江）上游，进桑地区红河（富良江）上游，当为从滇池赴交趾孔道，可能很早时期已开辟这条交通线。”②

① 季羡林：《中印文化关系史论文集》，生活·读书·新知三联书店1982年版，第76页。
② 方国瑜：《中国西南历史地理考释》上册，中华书局1987年版，第10页。

从此后，中原地区的技术与文化源源不断地流向越南。公元前后，中国的铁制农具传入越南；至明清时期，中国到越南有了多条固定的贸易通道。中老边境线有七百多公里，由于边境大多处于崇山峻岭之中，河流湍急，水路与陆路均不发达，所以虽然贸易历史悠久，但大多属于边境地区互通有无的性质。古代中国经济文化处于领先地位，老挝的丝绸、瓷器、日常生活用品从云南获得，养蚕、酿酒、耕作等生产技术也来自中国。由于双方交往密切，久而久之，就形成了众多云南通往老挝的通道，有些至今仍在使用。中缅贸易发展也源远流长，其历史脉络可以追溯至公元前2世纪的西南丝绸之路时期。根植于两汉王朝对哀牢地区的经略，逐渐实现了朝贡贸易体系。《旧唐书·骠国传》记载，骠国献乐“凡十曲”，还记载了相关交通路线。有学者认为，汉晋时期云南对外经贸关系已经确立，并经过唐宋两代的发展，至元明达到兴盛。当然，也有学者认为，近代以前的这种贸易关系更多地属于“以中国为中心的世界秩序和朝贡关系”。

近代以前，云南与周边国家的经贸往来呈现小规模与分散化的特征。具体来说，近代开关以前，云南贸易呈以下几个特点：一是交易以边境线两边的居民互通有无为主，商品化程度低，对云南腹地及周边国家腹地延伸不足；二是即使存在少量的长途运输，例如“南方丝绸之路”与茶马古道等，但数量较少，且运输的商品大多是奢侈品，仅满足少部分上层人士的需要，与广大农村无关，也难以上升到国家层面，缺乏必要的宏观战略布局。通商口岸设立后，边境贸易便由云南与周边国家贸易为主，逐渐过渡到云南与发达国家和地区的贸易为主。正如王福明所说，“不难想象，在号称‘山国’

的云南，在自然经济的汪洋大海之中，靠传统的商路和运输手段，商品流通只能成为侵入沙漠中的小河，很快枯竭，难以久远，因而只能形成一点点商品经济的绿洲，加上周围能‘渗透’的地区，这就是商业区划。直到 1889 年开关，特别是 1910 年滇越铁路筑成后，这一形势才发生了变化。”① 云南各口岸相继开埠后，云南对外贸易的规模、商品的结构都发生了根本性的变化。

云南三通商口岸的设立，是西方列强全球性扩张、掠夺的结果，这就使通商口岸的设立具有了国家层面的战略意义。

首先，进出口的数量大规模增加。外国商品输入的货值和品种均增长迅速。根据《海关贸易统计及报告》提供的相关数据，蒙自海关进口总值从设立之初 1889 年的 95005 海关两，扩大到 1911 年的 4647996 海关两，短短的 20 多年的时间内扩大了将近 50 倍，同期的出口总值由 88000 海关两扩大到 6750304 海关两，扩大了将近 80 倍；腾越海关进口总值从设立之初 1902 年的 684404 海关两，② 扩大到 1912 年的 1824908 海关两，十年间增长了三倍。这一时期，云南经济发展所需的原材料和工业品，主要通过周边国家从发达国家输入。《新纂云南通志》对三海关通关后 20 年间贸易发展数据记载如下：“以贸易之数值言，自光绪十五年至宣统三年中，蒙自、思茅、腾越三关，其贸易总值共达一万万五千六百四十万海关两有奇。蒙自关最多，腾越关次之，思茅关最少。蒙自关自光绪十五年至宣统三年，

① 王福明：《近代云南区域市场初探（1875—1911）》，《中国经济史研究》1990 年第 2 期。

② 1902 年只有 8 个月的数据，总计 513303 海关两，本书为了比较方便换算成一年的，即 684404 海关两。

贸易总值共为一万万三千六百八十万海关两有奇，腾越关自光绪二十八年至宣统三年，贸易总值为一千六百二十八万海关两有奇。思茅关自光绪二十三年至宣统三年其贸易总值为三百三十万海关两有奇。”①

其次，外贸商品的结构发生了重要变化。以1890年为例，据万湘澄《云南对外贸易概观》中的记载，棉纱占56%，烟丝占28.5%，两者总计占84.5%。腾越海关的设立更使古老的丝绸之路大放异彩，腾越口岸开埠以后，自周边国家输入的机制成品日益增加，并渐渐成为腾越口岸输入的大宗货物。《新纂云南通志》中有着较为详尽的论述：“滇省国际贸易入口货中以棉纱、匹头、棉花为第一位，约占贸易总额百分之四十以上，煤油、烟草等次之，其他洋货又次之，他若瓷器、纸张、海味、染料、干果等亦为主要之贸易品。出口货中，以大锡为第一位，约占贸易总额百分之八十以上，黄丝次之，牛羊皮又次之，他若茶、药材、猪鬃、火腿及零星土杂货亦为主要之交易品。上述贸易物品，其输出入总值，各年微有不同，惟棉纱占入口之首位，大锡占出口货之首位则历年俱属一致者也。”②

最后，转口贸易占据的比重较大。三口岸开埠后，转口贸易发展迅速。1932—1934年，每年经滇越铁路输入云南的棉纺织品价值约1亿5000万法郎，其中1亿1300万来自香港。每年云南输出的大

① 龙云等编，牛鸿斌等点校：《新纂云南通志》卷一四四《商业考二》，云南人民出版社2007年版，第107—117页。

② 龙云等编，牛鸿斌等点校：《新纂云南通志》卷一四四《商业考二》，云南人民出版社2007年版，第107—117页。

约价值 1 亿 500 万法郎的锡，大部分也转运到香港。[①]《思茅地区志》中有类似的记载：“（思茅）民国时期象牙、鹿角、犀角、皮张等商品减少，西方工业品大量涌进，但仍以棉花、棉纱、棉布等为主，值千元以上国币的货物还有煤油、五金制品、缝纫机、染料（洋靛）、炼乳、小麦粉、药材。这些商品自英、法，经越南、缅甸转口输入思茅，并集散于滇西、昆明。部分销往川、黔、湘、赣、粤等省。”《新纂云南通志》亦有相似的记载：“以贸易之国别言，本省贸易范围遍及英、美、日、法等国，而以法国为主，至贸易区域则以安南、印度、香港为主要市场”[②]。

（四）云南通商口岸设立后区域城市分工的发展

在中法战争、三口岸通商等一系列外部因素介入之前，云南同多数边疆地区相似，属于传统经济体系的边缘地带。明清时期，云南不具备江南地区优越的地理、交通条件，难以实现江南地区的轻工业繁荣，难以出现“资本主义萌芽”。云南经济最具优势的地方在于铜矿和银矿，也因此成为清朝重要的铜矿产区，然而当时清廷开采云南铜矿主要是为了增加流通用的铜币，收益大部分归属朝廷，并未给云南经济发展带来机遇。而且，当时云南矿产开采使用的都是传统方法，属于官办性质，没有因此大规模运用机械设备，进而带来技术进步。

---

① 王文元著：《法属印度支那与中国的关系——经济地理研究》，蔡华译，马汉宗校，云南省历史研究所 1979 年版，第 110 页。

② 龙云等编，牛鸿斌等点校：《新纂云南通志》卷一四四《商业考二》，云南人民出版社 2007 年版，第 107—117 页。

在通商之前，云南轻工业以本地和四川等周边地区的原材料为主，进行自给自足的生产。在通商以后，一方面是原材料渠道增加，价格降低，手工业发展受益，另一方面是受到近代机械化产品倾销的打压。在通商以后，大量的洋纱、洋靛、洋布、洋烟、洋油等各种日用商品开始充斥于各地市场，对云南的土靛、油料、棉花等种植业造成了严重打击，以此为生的农民不得不转行，对传统经济造成严重破坏。如迤南是云南传统的棉花产区，迤南妇女善于纺织，可以不需要进口外来棉布就能满足自身需求，但通商以后洋纱、洋布的倾销使得她们“渐有改而之他，另图别业者。”[①] 在通商前，云南鲜有成规模的织布工业；通商后，大量四川移民同价格低廉的印度棉纱一起进入到云南，从而催生了云南的织布工业。“从云南南部几乎全民所穿衣物均由印度棉纱制成”，可以看出外来棉纱对云南市场的冲击。[②] 国外近代商品的倾销促使云南本地商品生产也改变原先自己种植、生产、使用的自给自足局面，转而向资本主义生产方式过渡——种棉与棉纱，棉布与纺织的分离，地理因素已经难以限制要素跨区域、跨国界的流动。

云南近代工业的开端一般认为是1884年由云贵总督岑毓英开办的云南机械局。1884年，在镇压云南回民起义的过程中，当地政府尝到了先进武器的甜头，于是开始创办云南机械局，主要生产铜帽、子弹，后面进一步生产枪支和火炮。虽然这一工厂的建设目的是镇压起义，产品也没有在市场上流通，但是仍旧开启了云南近代工业。

① 由云龙：《滇录》，云南省教育会1933年版，第169页。

② 彭泽益编：《中国近代手工业史资料（1840—1949）》第2卷，中华书局1962年版，第251页。

1887年，清政府为解财政解燃眉之急，令云南巡抚唐炯办矿务公司以增加财政收入。除此之外，云南于1886年开办电报局，1901年开办邮政局，1905年开办了云南造币厂，1908年开办了陆军制革厂等。这些官办或官督商办企业得到国家及地方财政的支持，展现出显著优势，不仅资本雄厚、机械化程度较高、生产规模突出，更在城市公共事业和矿产资源开发领域取得显著成就。尽管这些企业的本质是服务于清政府的统治，但客观上对社会经济进步还是起到一定积极作用的，是云南近代工业体系中重要的组成部分。如陆军制革厂大量雇用工人进行生产，消耗大量牛皮，在完成官方生产任务之后也会将剩余产品平价销售给市民，电报局和邮政局后来则直接服务于市民。

三口岸通商，铁路大大改善了局部交通状况，洋货大量涌入，外资进入，原本以本地需求为导向的小型集市，受到区域甚至全球市场的影响，被整合进国际贸易网络之中，个旧锡矿价格直接受到伦敦金属交易所行情影响。人民生产、生活方式也随之改变，种植业、手工业、近代工业都面临着东南亚和背后西方列强近代化生产方式的竞争压力，区域间要素流动前所未有地迅速与巨大，四川的劳动力到云南务工，缅甸和印度的棉纱在云南加工，商号积累的商业资本开始投资于矿业、纺织业等。一般认为，云南近代工业经历了三个发展时期，1884—1936年的兴起期、1937—1945年的鼎盛期，1946—1949年的衰退期。清朝末年，清政府财政困难，政治腐败，行政能力严重下降，已难以进行实业建设和相应的制度调适。在辛亥革命前后，受到革命活动与发展工商业思想的影响下，逐渐形成了有利于工商业发展的舆论氛围。在抵制外货和兴利保权的浪潮中，云南一些商号、地主、作坊主、官僚，感受到国家衰落与国外近代工业生产力的强烈对比，加上产销结合带来的丰厚利润，于是掀起了一股投资办厂的热潮，民办工业一时间风生水起。受到当时投资环境和社会发展水平的制约，云南的近代工业体系主要包括以下几类：依靠资源的矿产冶炼、电力部门，与手工业联系密切的轻工业。电力工业中最有代表性的是耀龙电灯公司。法国人曾提出在安宁的石龙坝建水电厂的要求，当时的清朝地方政府在人民的反对压力之下拒绝了法国人的要求，于是地方政府同商会总理王鸿图合作共同集资创办了耀龙电灯公司。

矿冶业投资高、风险大，一开始经营情况很不理想，大多是政府投资经营，私营企业较少涉猎。直到三口岸通商之后，尤其是辛亥革命后，私营资本才进入该领域。但是，由于近代机械生产对技术、设备要求高，资本投入大，风险也大，很多企业和矿主依旧采用土法采炼，于是形成了大量土法采炼企业与少数机械化采炼企业并存的局面。两者并存一则说明土法采炼在经济效益上可行，劳动力成本低，二则说明机械化采炼还不能够垄断市场或者规模大到能够将土法采炼企业排挤出采炼行业，由此可见，机械化生产的发展在当时的云南还是很缓慢的。之后，又于1913年兴办了东川矿业公司，还有1927年的明良煤矿公司、1933年的云南炼锡公司、1936年官私合资的个旧钨锑分公司等企业。与群众生活联系紧密的轻工业发展较为全面，并表现出与手工业关联密切的特点。从通商后至20世纪30年代初期，云南轻工业包括了火柴、卷烟、纺织、印刷、制革、食品加工、机械、造纸等部门。多数该类工厂都集中于昆明，且基本是由原手工业发展起来的。虽然每年都有新工厂建成，机械使用增加，但是规模小，难以满足市场需求，还需要手工辅助。“所设各工厂中机械，多者十余架，少者数架，强半助以手工。至市内工厂，合计约五十余所，职工不过二三千人。”① 由于投入相对于矿业低，省内市场对轻工业品需求旺盛，且与手工业联系密切，因而吸引了很多商号投资于轻工业中。

在1884年到1936年的52年间，云南近代工业经历了其兴起期。这段时期，云南近代工业发展的特点是：与日常生活密切相关的轻工业发展迅速，种类齐全，主要面对云南本地市场，而采矿、机械制造等对资金和技术需求大、投资回报周期长的重工业则发展甚微。在近代工业发展中，官方资本和民间资本都发挥了作用，民间商号长期积累起来的商业资本除了投资于地产等传统领域外，还大量投入近代工业中。云南近代工业由于受到技术、资本、经济基础的制约，在发展中有着这样的特点：矿冶业、轻工业、化工业（肥皂、硝、石磺等）中虽然运用了近代机器，但是很多企业仍旧在运用机器的同时大量使用人力，传统手工业的影子仍旧随处可见。三口岸通商、铁路建设、辛亥革命从交通、制度、文化等方面对云南近代化产生了巨大影响，蕴藏在民间的商业资本力量也得以释放，尽管起步艰难，云南经济仍走上了近代化发展道路。1937年全面抗战爆发后，随着北平、天津、上海等东部工商业中心相继沦陷，经济中心开始向西南迁移，西南地区因此成为军需、民用产品的主产地和供应地，成为全国抗战的大后方。滇缅公路成为重要的战略公路，大量国际援助物资由此进入云南，再运往各地，内地的大量资金、

① 张维翰修，童振藻纂：《昆明市志》，昆明市政公所总务课排印1924年版，第100页。

技术、人力也涌入云南，在客观上促进了云南的近代化进程，“两相比较有一千九百多万元的资金留在云南”[①]。大量中央重量级企业迁入云南，并带来了来自全国各地的科学技术人才、技术工人和技术人员，尤其以西南联大为核心的教育科研体系，带来了大量科研人员和先进实验设备。国民政府也特别重视在云南投资创办企业，云南省政府、地方财团亦在为国做贡献的号召下大力投资于实业。据国民政府的《经济部报告》统计，云南省以昆明为中心的战时工业企业，在西南地区八大工业基地综合评估位列第三，低于重庆工业区和川中工业区，但超过桂林、贵阳等区域。当时，以昆明为中心的云南战时工业区有冶炼业 6 家、机器业 11 家、化学 25 家、纺织 15 家、电器 7 家，其他 13 家。[②] 1941 年太平洋战争爆发后，滇越铁路、滇缅公路被日军切断，仅存依靠人背马驮的滇—藏—印一线和“驼峰”航线，云南的国际交通线大部被切断，与西南各省的交通线也出现混乱。1945 年国统区出现恶性通货膨胀，工业企业难以忍受飞涨的物价和成本，销路也每况愈下，许多企业不得不关闭或停工待料，很多企业没能走出困境而渐渐消亡。1945 年抗战胜利后，大量资金、技术、人力和物力又迁回了内地，经济中心重新回归东南沿海。1946 年至 1949 年，云南近代工业发展进入衰退期，如从 1945 年 11 月到 1946 年 8 月，汇入汇出云南的资金相抵，流出额达 1000 亿元。[③] 据不完全统计，在云南和平解放前，仅昆明地区就有 30 个

① 张肖梅：《云南经济》，中国国民经济研究所 1942 年版，第 1338—1371 页。
② 云南近代史编写组：《云南近代史》，云南人民出版社 1993 年版，第 498 页。
③ 云南省档案馆藏档案，档案号 66-5-237。

企业销路不畅、经营困难，有21个企业处于停工或半停工状态。[①]

云南近代工业发展同云南近代经济发展一样，在摆脱封建经济约束，融入近代区域经济和早期经济全球化之后，就不再只是在自己的土地上发展自己了。要素的跨区域流动、全国战略格局的影响、世界战略格局的影响等都对云南近代化进程发生作用。同样，云南也在整个抗战中做出了自己的贡献。

三口岸通商最直接的影响是瓦解了传统的小农经济，创造了新的商品需求，催生了近代工业。三口岸通商对于云南经济结构与经济发展的影响和作用在于，让云南从自身半封闭的经济圈里走出，解放了云南的生产力，释放了被抑制的商业资本，增强了要素流动，为云南近代化发展创造了历史机遇。同时，也改变了人们的观念，改变了市场结构、制度、文化，为近代工业发展提供了必要的制度和文化保障。

通商与开放改变了云南人的生活习惯，如就医、就业、时空观念、地理观念，形成市民文化，近代科学、民主的思想渐渐深入人心。西方医学在通商之前的云南已有传播，主要传播的工具和途径是教会医院及其附属的西医学校，而在滇越铁路开通之后更是加快了普及的步伐。通商之前，云南虽有西医诊所，但主要服务于外国传教士、商人等；在通商开放以后，这些西医诊所的服务对象扩大为面向广大普通群众，其影响已经深入普通百姓的生活之中。蒙自法国医院起初只收治外国人，1916年以后开始接收中国普通百姓，

① 云南省人民政府财政经济委员会编：《云南经济资料》，云南省人民政府财政经济委员会1950年版。

年接收住院人数超过三千人次，门诊量超过六万人次。1920 年，香港出资的惠滇医院在金碧路成立。① 到 1947 年，惠滇医院覆盖人口达 45 万人。② 除此之外，云南省自己也兴办了一批公办医院。与此同时，大量的私立西医诊所也纷纷出现，西医已经在民间大面积普及。西医与传统医学相比较，最具优势的当属接生方面。传统的接生一般由接生婆完成，由于断脐时使用的是未经消毒且易附着细菌的镰刀、破瓷片等非专业的医用器材，因此新生儿患破伤风的概率和死亡率及产妇产褥热的发病率都很高，而西医的接生法使用消毒设备进行手术。手术过程中，有严格的程序控制，加之手术由具备专业训练的医生实施，从而大大降低了新生儿和产妇的死亡率。据相关资料显示，妇产科曾是惠滇医院三大主力科室和招牌之一，如该院 1947 年全年完成接生 1516 例。③ 蒙自全县 6 家私营诊所合计月均接生约 50 例。④ 西医学校的成立也为云南本地输送了大量西医人才，如昆华助产职业学校从 1910 年至 1949 年培养了 198 名西医的护理与助产专业人员，其中护士 144 名，助产士 54 名。⑤

铁路的修建使沿铁路的城市发展迅速，如蒙自、个旧、昆明等城市面积增加，人口增加，商品经济繁荣，大量的农副产品也涌向

---

① 李建恩：《民国时期昆明的医院》，载中国人民政治协商会议昆明市委员会文史委编《昆明文史资料选辑》第 22 辑，云南人民出版社 1994 年版，第 189 页。

② T. L. Chin，M. D. *Superintendant. Hospital Form for 1947 Statistical Report*，云南省档案馆藏档案，档案号：116-3-755。

③ T. L. Chin，M. D. *Superintendant. Hospital Form for* 1947 *StatisticalReport*，云南省档案馆藏档案，档案号：116-3-755。

④ 蒙自县志编纂委员会主编：《蒙自县志》，中华书局 1995 年版，第 922 页。

⑤ 尧挥彬卷主编，云南省地方志编纂委员会总纂：《云南省志》卷六九《卫生志》，云南人民出版社 2002 年版，第 395 页。

这些城市。城市兴起对各类人才和劳动力有了新的需求，尤其是会法语、英语的买办商人、公司职员等，同时工人阶级队伍也不断壮大，许多农民改变了原有的劳作方式，转而到城市的码头、车站、口岸等谋生，促进了云南近代的城市化。如：清末民初，海关招新关员时很重视学历和才能，特别是英文、法语等外语水平，员工入岗后，还要进行业务实习与培训。[①] 又如：碧色寨原来只有几户人家，滇越铁路开通后，这里成为重要的交通枢纽，“为货仓服务的装卸工人多达千人”，“极盛时，全镇人口约 2000 人。”[②] 新兴沿铁路城市吸引劳动力的一个原因是其洋行、商号、公司给出的劳动报酬较高。如红河蒸汽船上舵手每个月薪水 35 法属印度支那元，头等船夫 35 法属印度支那元，司炉工 13 法属印度支那元，其他船员 8 法属印度支那元。[③] 从最低的船员薪水看，8 法属印度支那元折合白银 5. 2 两，是当时云南府城普通伙计月薪（白银 0. 8—1. 2 两）的四五倍。

为了支持滇越铁路及法资企业，法国还与当地政府合办了一些学堂或学校，这也促进了当地居民就业观的转变。如，光绪二十七年（1901），由法国人于昆开办的中法学校，其出资、经费来源和学校的日常管理全部由法驻滇领事馆承担和管理、监督，其培养目的在于为法国在滇机构和滇越铁路公司提供中国职员。滇越铁路建成

---

① 云南省地方志编纂委员会纂：《云南省志》卷三二《海关志》，云南人民出版社 1996 年版，第 57 页。

② 蒙自县志编纂委员会主编：《蒙自县志》，中华书局 1995 年版，第 573 页。

③ ［法］亨利·奥尔良著：《云南游记——从东京湾到印度》，龙云译，云南人民出版社 2001 年版，第 6 页。

通车之后，很多站长、站务司事都系该校毕业生。[①]“（滇越）全路共有三千六百职员和工人；工人有三千多人，在六百多职员中有119个高级职员全是法国人。在云南境内的中级职员（如站长、查票生等），有些是中国人”[②]。“五四前夕，昆明约有工人一万人左右（包括工厂工人、铁路工人、店员搬运工人）。”[③]可见，随着蒙自（1889）、思茅（1897）和腾越（1902）三处通商口岸的开放，云南从事非农业的劳动人口增加，产业工人（矿工、铁路工）和技术阶层（工程师、技工）队伍壮大，对云南近代化发展起了很大作用。

综上所述，云南近代三通商口岸的开辟是当时经济全球化和帝国主义倾销商品的必然结果，但是此三口岸本身也有着悠久的对外交往的历史，有着多条通往南亚、东南亚的陆路与水路交通道路。

云南与缅甸、老挝、越南诸国接壤，山水相依，经济互补性强，在古代就有极密切的边民互贸和历史悠久的“南方古丝绸之路”跨区域贸易，经济发展基础较好。19世纪末20世纪初，在西方列强全球化战略的驱使下，云南边境三个重要城市蒙自、思茅、腾越（腾冲）相继开埠，分别对应着三个国家越南、老挝、缅甸，而且还有背后的英法等西方列强。概括来说，沿海、沿江通商口岸主要面对西方列强，而云南口岸城市不仅面对西方列强，而且更多具有与周边接壤国家互通有无的特点。

时至今日，云南的地理格局和交通布局没有发生重大的变化，

---

① 孔庆福：《建国前云南铁路系统兴办教育情况》，载中国人民政治协商会议昆明市盘龙区委员会主编《盘龙文史资料》第6辑，1991年版，第72—80页。

② 郭垣：《云南省经济问题》，正中书局1939年版，第250页。

③ 马曜：《云南简史》，云南人民出版社1983年版，第259页。

云南周边的省份西藏、贵州、广西、四川等均是中国欠发达省份，与云南经济互补性差，而与沿海发达地区开展贸易的交通成本又极高，所以作为面向南亚、东南亚开放桥头堡的云南，更需要发挥自身的边境优势，尊重各国交往的历史特点，在原有的通商路线的基础上继续做大做强。

四、地域分工与城市

通过上述对云南城市口岸的分析，可以清楚地看到，近代中国大量城市尤其是口岸城市，全都纳入了世界范围内的分工体系。

在亚当·斯密看来，由于分工是比较优势和交换的力量促成的，所以分工和贸易的范围必然总是受到交换能力范围的限制，换言之，分工受市场范围限制。当市场规模较小时，显然没有激发人们去生产和交换远超过自己所能消费的剩余产品的动机，因为这种生产带来的私人价值难以实现其应有的社会价值。因而往往只在城市，尤其是大城市才能提供多样化消费的需求市场，进而推动周边农村对农作物的改良，因为城市的市场范围要远远超过乡村与集市。城市等级越高，越需要广阔的经济腹地予以支撑；市场体系的发展反过来又推动着城镇体系的升级。分工和专业化推动企业规模扩张，从而推动市场的扩大，反过来市场容量的扩大又促进分工与专业化的提高。

人类社会的发展史，从某种意义上来说，也就是社会分工的发展史。随着专业化的发展及其对交易的依赖程度加深，必将促进城市和企业的产生与发展。其原因可以从广度和深度两方面来分析。首先，从广度上，专业化的发展及其对交易的依赖程度加深，促使交易半径扩大，即市场规模扩大。这样，一方面带来了专业化发展与效率改善，另一方面也带来了交易成本指数化增加，这两方面的因素共同促进了城市的产生与发展。其次，从深度上，专业化的发展及其对交易的依赖程度加深，促使协作程度提高。同样地，一方面带来了专业化发展与效率改善，另一方面也带来了交易成本指数化增加，这两方面的因素共同促进了企业的产生与发展。这个过程如图 2 所示。

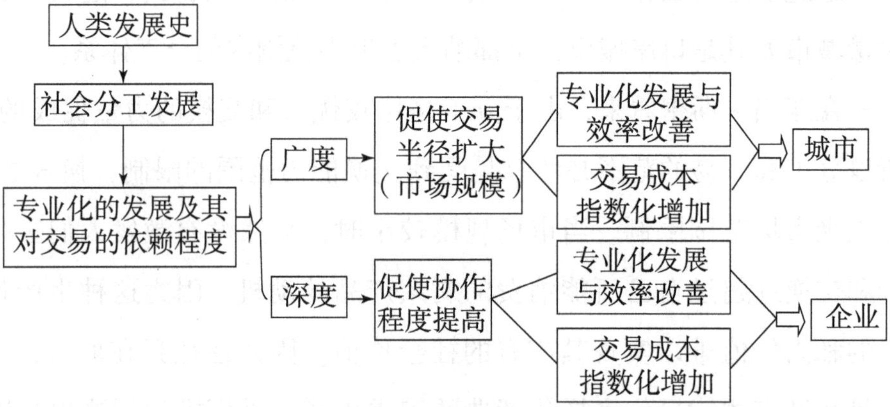

图 2　城市与社会分工关系图

城市从形成之日起就与地域分工存在着相互作用和相互依赖的密切关系。城市形成后，各种经济主体的地域行为推动着城市空间不断成长和演变，使得城市土地利用逐渐从混乱走向有序，从无规律可循走向具有明显的规律性。地域分工是城市发展的基础之一。

第二节　产业分工与城市发展

伴随着生产力的发展，分工变得越来越细，新的产业部门不断分化出现。专业化发展和专业化程度提高均是分工不断深化的结果。此外，影响产业分工发展的因素还有内生比较优势因素、市场机制因素、政府调控因素等。

分工的细化带来了专业化和多样化的矛盾，而解决这一矛盾的有效组织形式就是聚集。聚集一旦形成，它通过扩大市场的广度和增加市场的深度，实现资源配置效率的跃升。

分工使得企业与企业之间、产业与产业之间产生了联系。当相互联系的企业或产业有着特殊的空间要求时，作为柔性化空间组织的聚集就成为再合适不过的载体了。高度专业化的现代生产，不仅扩展了产业之间的分工，而且极大地延长了产业内部甚至产品内部的价值链条，中间投入品的数量、种类及交易环节也大大增加。通过合理的产业组织实现高度专业化企业之间的协调，提高产业竞争绩效，成为现在经济的核心问题。例如近代苏州的产业专业化发展就很典型，“苏州和很多小的纺织中心得益于纺织生产领域内不断增强的专业化。苏州，除了成为最大的丝绸生产中心之外，还成为来自松江府和其他省份的纺织品商人汇集的主要中心之一。它同时成为最重要的棉布织染和端布中心，棉布织染和端布是两个典型的城市工业活动。建立在纺织品生产上的城市化趋势为苏州府所辖的小城镇带来了利益。”①

随着近代工业的发展，人口逐渐向城市集聚，外国产品广泛地进入城市生活，民用产品需求增长，中国民用工业相继产生；同时，民用工业的发展也丰富了民用产品，便利了城市生活，又吸引人口向城市的聚集，提高了近代城市化的水平。由于城市生活的便利，大量地主涌向大城市，成为城居地主。从1840年到1894年陆续在20个民用行业中出现了近代企业，而其中15个行业的第一家近代企业是完全由私人资本创办的②，但这并不意味着私人资本在这一时期的民用工业中占据优势。这一阶段商办企业在民用工业投资的总资本中仅占31.7%，在1895年之前，商办企业的发展依然受到限制。自19世纪70年代起，洋务派为解决军工企业的经费和原材料问题，同时也希望在一些行业打破外商的垄断，以官办、官商合办、官督商办等形式创办了一系列近代民用企业。在民用工业发展初期，官办、官督商办、官商合办的企业在国内市场上享有免税、独家经营等特权，如轮船招商局自1872年创办起至1897年的25年间，一直享有华资在航运业中的排他性专利权。1882年，李鸿章又给予了上海机器织布局十年内不准华资另设新厂及免征内地厘税两项特权。这些措施的确有利于保护中国企业免遭外商挤压而破产，然而这一系列的特权也限制了商办企业的经营，迟滞了民用工业的发展。1895年之前，商办民用企业虽然数量众多，但规模普遍较小。1894年，民

① ［美］林达·约翰逊著：《帝国晚期的江南城市》，成一农译，上海人民出版社2005年版，第123页。

② 杜恂诚：《民族资本主义与旧中国政府》，上海社会科学院出版社1991年版，第285—528页。

用工业中共开设商办企业 98 家，但总股本只有 986.2 万元，而仅一家由上海机器织布演变而来的官督商办的华盛纱厂资本就高达 111.9 万元。由于工业落后，资本的积累仍在初期阶段，私人资本积聚困难，经济社会中又缺乏有效的融资机制，因此在这一阶段资本密集型的民用工业主要由政府涉足。1840—1895 年，在总共 32 家官办、官督商办、官商合办的民用工业中，有 15 家从事的是采掘与冶炼这类资本密集型的行业，且这 15 家企业的总资本达 1137.4 万元，已经高于这一时期整个民用工业中商办企业的总资本，占官办、官督商办、官商合办企业总资本的 53%。同期私人资本则大多投资于劳动密集型的行业。这一时期，在总共 98 家商办民用企业中，缫丝厂就有 53 家，资本总额占全部商办民用工业总资本的 55%。由于机器、原料对进口的依赖，这一时期民用工业主要集中于几个开埠城市，上海、顺德和汉口，其中上海聚集了民用工业大约 27% 的工厂和 38% 的资本，[①] 上海也成为 19 世纪下半叶中国发展较快的城市之一，1906 年上海人口已经超过 80 万。

1895 年以后，外商获准在华开设工厂，清政府也就放开了对私人资本办厂的限制，中国近代民用工业快速发展。1895 年至 1927 年新开设的民用工业企业达 2767 家，这一数字是 1895 年之前的 20 倍。这一时期民用工业中私人资本的增长尤为迅速，商办企业的资本总额较 1895 年之前增长了四十余倍，私人资本已占民用工业资本总额的 80%，这一数字也比前一阶段翻了一番。1895 年以后，上海虽然

① 杜恂诚：《民族资本主义与旧中国政府》，上海社会科学院出版社 1991 年版，第 88 页。

仍是中国近代民用工业最为集中的城市，但随着其他城市民用企业的开设，上海民用企业在全国所占的比重有所下降。

城市作为人类活动过程中形成的一种空间组织形式，从根本上讲，是为了节省市场运行的交易成本而建立的一种制度安排。社会分工和专业化水平的高低是区分城市与乡村的最大、最根本因素。城市作为一个复杂的、由大量正式组织和非正式组织形成的系统，要维持其健康运行，就必须对参与分工、合作与竞争的各类主体结构不断进行调整，以实现功能优化。

第四章　要素聚集与近代城市发展

要素聚集是指在经济社会发展中，经济要素（如劳动力、资本、知识、技术、制度、政策等）相互联系、相互作用的过程。要素聚集具有以下特征：（1）要素聚集不是简单的要素堆积，而是让各种要素协同作用，共同发挥作用创造价值的过程。（2）在聚集中，每一个要素都不是孤立的，都通过与其他要素发挥作用，实现自身价值。（3）聚集方式具有多样性。（4）要素聚集具有持续性，这是由经济发展的持续性决定的。（5）要素聚集的结果无论在国与国之间还是在一国内部，都呈现出严重的非均衡性。发达国家和发展中国家、发达地区和欠发达地区的形成，很大程度上是因为要素分布不均衡造成的。这种不均衡可能由一个国家或地区初始的要素禀赋状态所决定，也可能由一个国家的制度、政策差异决定的要素聚集的规模和效率差异所决定。

一个城市的出现不是偶然的，是生产力的发展，地理环境与各种社会因素相互作用的结果，即不同地点对人类活动的吸引力强弱是不同的，吸引力强的地方逐渐演变为城市，吸引力弱的地方演变为农村，无吸引力的地方则无人居住。城市的发展也与其周边的环境等诸多因素紧密相关，即一方面取决于该区域产品的需求，另一方面取决于该区域生产活动所需投入的供给。随着商品经济的发展和近代城市的发展，城市规模不断扩大，城市的凝聚力不断增强，大量资本与劳动力涌入城市，城市占用的土地也不断增加。但在中国近代城市发展过程中值得注意的是，由于殖民势力的介入与干预，这种要素流动始终受到外部力量的扭曲。以上海为代表的通商口岸虽聚集了大量资本与技术，却因殖民资本的排他性控制未能形成完整的产业链。外资企业垄断了航运、金融和制造业的核心环节，本土资本被挤压至商贸、娱乐等末端服务业，造就十里洋场畸形的繁荣。这种依附性发展模式使城市沦为殖民经济的服务枢纽，而非自主工业化的引擎。尽管如此，这些生产要素不断地涌入城市，一定程度上仍然为城市的发展提供了物质资本和智力支持。相对于土地与资本这两种生产要素，劳动力的流动受限较小，对城市发展的推动作用也比较显著。这些生产要素的不断涌入，不仅为城市的发展提供了物质资本和智力支持，而且要素的聚集也会带来效率的改善与提高。

从近代世界范围内经济发展来看，人的因素是现代经济发展中最为重要的生产因素，是现代经济发展的关键因素。正如格里高利·克拉克所言，“工业革命之所以呈现出突然地非延续性，主要是因为当时英国经济效率的快速增长刚好与1750—1870年英国人口前所未有的膨胀相呼应。事实上，英国的崛起与其说来自工厂对工人更严酷地剥削，不如说来自英国过剩的劳动力。”① 中国近代人口从1840年的4亿增加到1949年的5.4亿，百年间增长了30%以上，增长速度远超古代人口的增加速度，为近代经济发展提供了人力基础。随着人口的增加，产生了人口与资本相结合的机制，“欧洲的制度可能更有助于把人口从劳动剩余的区域转移到资本充裕的区域，从而在（理论上）创造出均衡的移民运动。”② 中国近代城市是资本充裕地区，催生了人口从乡村向城市集中。同时，人口的增加，使其一定程度上在城市内产生“化学反应”，促进了市民阶层的壮大和市民社会的发展，从而有效地推动了城市近代化的发展。

李伯重教授认为，城市通常由城与镇组成，是相对于农村的人口聚居区，在人口上也比单个的村子要多，这也是其主要特征之一。首先，中国长期以来城市居民是客居式的，对城市具有一种离心的倾向，城市与乡村的位差尚未形成。其次，中国历代封建政府为了加强对地方的控制，在地方官员的任命上都采取异地做官的方针，再加上中国人的乡土观念浓厚（通过籍贯可见一斑，时至今日，无论是人们见面问候，还是填各种表格，籍贯都是必不可少的，籍贯主要是以农村为标志的），还有城市工商业发展缓慢等原因，这些都不利于城市市民的发展。近代以来，随着城市的发展和农村的衰败，农村人口不断涌入城市，这不仅为城市工商业的发展提供了充足且廉价的劳动力，而且人口的聚集促进了市民阶层的形成与发展。

① ［美］格里高利·克拉克著：《应该读点经济史》，李淑萍译，中信出版社2009年版，第216页。

② ［美］彭慕兰著：《大分流——欧洲、中国及现代世界经济的发展》，史建云译，江苏人民出版社2004年版，第103页。

市民阶层问题是我国近代城市研究的一个重要问题，涉及我国近代城市研究的方方面面，例如我国近代城市政治体制的变革，商品经济的高速发展、文化的曲折前进、城市居民生活的变迁等。充分认识市民阶层的形成和发展，对深入探讨市民阶层与近代城市发展的相互作用意义重大。

“市民社会”的概念引自西方，其含义随历史的发展而几经变迁。亚里士多德和西塞罗开创并发展了古典市民社会理论，但该理论并未对“市民社会”“政治社会”“文明社会”加以明确区分。黑格尔首次将市民社会与政治国家进行二元分离，奠定了现代市民社会理论的基础，在西方市民社会史上具有划时代的意义。在黑格尔的基础上，马克思对“市民社会”理论进行了科学阐释与创新，他认为“市民社会这一名称始终标志着直接从生产和交往中发展起来的社会组织，这种社会组织在一切时代都构成国家的基础以及任何其他的观念的上层建筑的基础。”① 从而确立了现代意义上的“市民社会”。

第一节　人口聚集与明清以来市民阶层的兴起

明清时期，随着人口在城市的聚集与商品经济的迅速发展，伴随着城市手工业、商贸业等日渐繁荣，以工商业者、雇工、城市平民为主体的市民阶层逐渐兴起壮大。

城市商品经济发展是市民阶层兴起的基本动力。以江南地区的

---

① 《马克思恩格斯选集》第3卷，人民出版社2012年版，第401页。

商品经济为例，自安史之乱以来，大批为躲避战乱的北方居民开始南迁，他们用先进的农业生产技术开垦南方丘陵，种植粮食及经济作物，促进了江南经济的发展。唐代后期，全国的经济中心南迁，到宋元时期，江南已成为全国经济中心。元末明初，黎民百姓饱经战乱，社会经济遭到重创，明太祖深知“休养生息”政策的重要性，因此提出：“四民之中，莫劳于农，观其终发勤劳，少得休息。时和岁丰，数口之家犹可足食，不幸水旱，则举家饥困。……百姓足而后国富，百姓逸而后国安，未有民困穷而国独富安者。”[①] 历经数朝经营，到明代中期，吴地商品经济迅速繁荣。正如明朝梦苏道人王锜在《寓圃杂记·吴中近年之盛》中的记载：“以至于今，愈益繁盛，闾檐辐辏，万瓦甃鳞，城隅濠股，亭馆布列，略无隙地。舆马从盖，壶觞罍盒，交驰于通衢。水巷中，光彩耀目，游山之舫，载妓之舟，鱼贯于绿波朱阁之间，丝竹讴舞与市声相杂。凡上供锦绮、文具、花果、珍馐奇异之物，岁有所增，若刻丝累漆之属，自浙宋以来，其艺久废，今皆精妙，人性益巧而物产益多。至于人材辈出，尤为冠绝。”[②] 清朝康熙年间，沈寓在《治苏》中描述苏州盛景，“山海所产之珍奇，外国所通之货贝，四方往来，千万里之商贾，骈肩辐辏。”[③] 可见苏州城中聚集居民众多，交通便利，商品货物堆积如山，往来商人交易频繁，正如刘献廷所说，苏州是负有盛名的天下“四聚”之一。商品国内市场逐步扩大，商品种类也不断增多，

---

① （清）张廷玉等：《明史》卷三《太祖纪三》，中华书局 1974 年版，第 44 页。

② （明）王锜：《寓圃杂记》卷五，中华书局 1984 年版，第 42 页。

③ （明）沈寓：《白华庄藏稿钞》卷四，载《清代诗文集汇编》编纂委员会编《清代诗文集汇编》第 154 册，上海古籍出版社 2010 年版。

以白银为代表的货币发达等，标志着明清商品经济的繁荣发展。

明清时期，在工商业发展及商品经济日益发达的基础之上，手工业、农副产品加工业等也取得长足进展，并在江南地区丝织业中出现了资本主义萌芽，为市民阶层兴起提供了直接推动力。明清时期，政府推广种植桑麻棉等经济作物，为手工业发展提供了生产原料，使得高效农业与丝、棉纺织业有机结合，有力地促进了蚕丝生产与丝织工业。明代谚语说“买不尽松江布，收不尽魏塘纱”，正是反映了明朝松江及魏塘地区手工丝织业的发达。明末冯梦龙在《醒世恒言》中提及明嘉靖年间苏州府吴江县盛泽镇丝织品生产、交易的盛况，“镇上居民稠广，土俗淳朴，俱以蚕桑为业。男女勤谨，络纬机杼之声，通宵彻夜。那市上两岸绸丝牙行，约有千百余家，远近村坊织成绸匹，俱到此上市。四方商贾来收买的，蜂攒蚁集，挨挤不开，路途无驻足之隙；乃出产锦绣之乡，积聚绫罗之地。江南养蚕所在甚多，惟此镇处最盛。”① 从乾隆年间画家徐扬的作品《姑苏繁华图》中，亦可以辨别出丝织行业的商铺多达十四家，可见当时丝织行业的繁盛图景。针对清乾隆时期苏州的丝织业发展概况，有国外学者估计，“在1770年至1780年间，苏州约有三四百家染坊，织机超过了一万台。”② 明末清初，随着手工业的规模扩大，分工细密，在江南地区的丝织业中，稀疏地出现了资本主义萌芽，直接推动了市民阶层的兴起。

---

① （明）冯梦龙：《醒世恒言》卷一八《施润泽滩阙遇友》，人民文学出版社2015年版，第720页。

② ［美］林达·约翰逊著：《帝国晚期的江南城市》，成一农译，上海人民出版社2005年版，第107页。

同时，封建社会小农经济状况也发生改变，使得大量农民从土地中得以解放出来，为市民阶层的兴起提供了人力支持。以明朝为例，封建统治阶级加重了对江南地区的赋税，部分农民为躲避重赋，离开土地，逃往城市谋生。何良俊在《四有斋丛说》中有具体描述，“余谓正德以来，百姓十一在官，十九在田。盖固四民各有定业，百姓安于农田，无有他志，官府亦驱之就农业，不加烦恼。……自四五十年来，赋税日增，徭役日重民命不堪，遂皆迁业。……昔日逐末之人尚少，今去农而改业为工商者，三倍于前。”① 随着商品贸易的增多、货币作用的上升，为适应社会经济的发展，明朝嘉靖年间倡行“一条鞭法”。律法规定：“总括一县之赋役，量地计丁，一概征银，官为分解，雇役应付。”② 政府雇人充役，取消力役，加强了对土地的控制而放松了对丁户的控制。此项政策一改明初为保证赋役征收而制定的“里甲制”，放松了对人户的管制，使大部分农民人身依附关系有所削弱，获得更多的自由；投入市场的农产品增多，促进了工商业的发展。大量自由身份的农民投入城市工商业中，这无疑为市民阶层队伍的不断壮大提供了有利条件。

在这样的社会背景下，越来越多的农业生产者向城市聚集，转向从事商业，使以工商业者、城市居民为主体的市民阶层，作为城市中一股新兴力量日益崛起。明代著名思想家、政治家吕坤在《去伪斋集》中如此描述社会中商人之多：“或给帖充斗称牙行，或纳谷作粜经纪，皆投揣市井间，日求升合之利，以养妻孥，此等平民天

---

①（明）何良俊撰，李剑雄点校：《四有斋丛说》卷十三《史九》，上海古籍出版社2021年版，第232页。

②《明神宗实录》卷二二〇，上海书店出版社2015年版。

下不知几百万矣。"[1] 商品经济的发展不仅壮大了工商队伍，而且加强了统治阶级与市场的联系。为牟取私利，官员经商现象层出不穷，如于慎行在《谷山笔麈》所述："士大夫家多以纺绩求利。其俗勤啬好殖，以故富庶……如华亭相（徐阶）在位，多蓄织妇，岁计所积，与市为贾。"[2] 同样，在《徐光启文集》中也有类似描述，"江南役重甲天下……祖父以役累中落。……一启中举，尽免其役，家业复振。……（植蚕）与市为贾，骤富焉，市人多效之。"[3] 李洵认为："明代江南地区的'士大夫'是 16 世纪以来中国历史上有特点的社会势力。他们凭借着江南地区发达的经济文化有利条件，通过各种途径获取政治上的功名，然后扩展经济实力，引领当时的社会风潮，在江南社会中扮演着极其重要的角色。"[4] 这种"官员生活世俗化"的风气在明清期间盛行，不仅弱化了人身等级关系，而且在一定程度上促进了市民阶层的形成与发展。

第二节　近代市民社会的形成

"市民社会"一般特指脱离西欧封建社会束缚而独立的一个阶层，是与政治国家相对的私人领域，与之对应的是政治社会。"市民社会"以商品经济为基础，通过缔结契约关系，明确个体之间的私

---

① （明）吕坤：《去伪斋集》，明万历刻本。

② （明）于慎行撰，张德信点校：《谷山笔麈》卷四《相鉴》，中华书局 1997 年版，第 76 页。

③ （明）徐光启撰，王重民辑校：《徐光启文集》，中华书局 2014 年版。

④ 李洵：《论明代江南地区士大夫势力的兴衰》，载李洵《下学集》，中国社会出版社 1995 年版，第 227 页。

人产权及其利益，深刻体现了民主意识、法治意识和平等意识，并形成了具有个体性、世俗性、多元性等品格的市民文化，是生产力发展的产物。

20世纪80年代末90年代初，众多学者开始对中国市民社会问题进行不断考察与研究。经过多年的探讨，加深了对市民社会问题的认识，初步形成了一些理论成果。学界普遍认为，以封建宗法制为本质特征的中国封建社会是不存在市民社会的，但是随着商品经济的不断发展，我国逐渐产生了市民阶层。关于市民阶层的形成时间，学术界尚未有统一的观点。以叶世昌教授为代表的大部分学者认为明清时期是我国市民阶层的形成时期，也有学者认为市民阶层形成于唐宋，此不赘述。

市民阶层的形成、发展经历了漫长的过程，但是始终离不开城市经济的发展。市民阶层是以城市为依托，形成了具有自我阶层的独特意识、文化特征和社会属性；城市的发展也为市民阶层搭建了发展的平台，不仅奠定了物质、文化基础，而且借助城市政治、经济、社会生活推动了市民阶层不断前进。中国古代从西周开始，“城邑体制”已初步形成。据考证，周人在城邑营建的过程中，已经开始从城邑的等级、大小、内部布局等方面进行城市规划。《周礼·考工记》记载：“匠人营国，方九里，旁三门，国中九经九纬，经涂九轨，左卒右社，面朝后市，市朝一夫。”① 以宫城为中心主体，前为外朝办事之所，后设市场交易之处，确定了我国古代城市“前朝后市”的基本分布格局。封建君主为加强统治，实行严格的“坊市制

① 杨天宇：《周礼译注》，上海古籍出版社2016年版，第2326页。

度”，即将执行住宅功能的坊与执行市场交易功能的市区分开来，并用法律和制度对交易的时间和地点严加控制，城市商业活动及居民日常行为均受到极严格的管束。《礼记·王制》曰：“凡居民，量地以制邑，度地以居民，地邑民居，必参相得也。”① 到汉代，坊市制度进一步完善。以洛阳古都为例，城市分布以宫城为中心，具有政治功能的建筑（包括永宁寺在内）大多分布在内城中，市、里及手工业区等环绕在四周。内外城分工明确，市、里统一规划布局，严格区分。唐宋时期，城市布局发生明显变化。随着商品经济日趋活跃，农村人口不断涌向城市，导致城市人口增多，城市规模扩大，城市内外经济、文化交流十分频繁。为适应城市经济发展的需要，坊市制度逐渐瓦解。唐代中后期，长安的坊市制度已经不能约束商业活动，“唐大历十四年（780）六月一日敕：‘诸坊市邸店，楼屋皆不得起，楼阁临视人家，勒百日内毁拆。至九月二十日，京兆尹严郢奏：坊市邸店旧楼请不毁。”② 在《清明上河图》中也可以看出“侵街打墙、接檐造舍”的现象，还呈现了各种商业活动，如酒肆、谷物市场、二手商品店、厨具店、弓箭店、灯笼店、乐器行、金饰行、布庄、画廊、药店、餐厅等，逐步形成了城市商业网，表现出社会分工、聚合的作用，促进了我国古代城市的发展，展现了具有综合性质、商业化组织发达的新城市规划、布局体制。这种新的开放式城市布局，按照经济功能进行区域划分，如两地贸易往来商品多聚集在沿江河岸地带，利于商品分散；日用品及特殊商品多在商

① （汉）戴圣：《礼记》，中华书局 2017 年版，第 595 页。

② （宋）王溥：《唐会要》卷五九《尚书省诸司下》，中华书局 1955 年版，第 1220 页。

业中心地区进行交易。元、明、清在此基础上对城市规划、布局进行继续发展，使得城市内部布局日趋合理，城市职业结构日趋完善，出现了更多工商业者的组织。近代以降，由于西方资本主义的影响，近代工商业、交通运输事业有了长足发展，诸多因素都对中国近代城市化起到了巨大的推动作用。

19 世纪中叶以来，中国沦为半殖民地半封建社会，外国资本主义国家强行打开中国大门，先后发动鸦片战争、中法战争、甲午中日战争、八国联军侵华战争等。西方列强扶植封建势力作为统治中国的工具，并签订了诸多不平等条约，通过瓜分中国土地，控制重要通商口岸、建立租界、勒索巨额赔款等手段不断侵入中国市场，牟取利益，不断冲击着中国封建经济。以《南京条约》为例，条约规定："开放沿海城市广州、福州、厦门、宁波、上海为通商口岸；割香港给英国；中国赔偿英国款项总计 2100 万银元；中国向英国商人征收的进出口货物税，必须同英国政府商议等。"随着近代商品贸易日益频繁，商品经济不断发展，占统治地位的中国封建自然经济不断瓦解，近代社会结构和市场也随之巨变，相应的中国近代市民社会产生了新的发展因素。

从历史的角度来看，甲午中日战争以后，中国人民的民族意识开始普遍觉醒。魏源致力于经世致用之学，在《海国图志》中提到"师夷长技以制夷"的思想，主张学习外国先进的军事和科技，富国强兵，抵御外敌。19 世纪 70 年代以后，王韬、薛福成、马建忠、郑观应等人要求吸纳西方的政治、经济学说，如郑观应在《盛世危言》中提出大力发展民族工商业，同西方国家进行"商战"，同时设立议院，实行"君民共主"制度等主张。洋务运动更是主张创办军工厂、新式学堂，派遣留学生等开启中国的近代化实践。1890 年之前，洋务派在全国各地共创办了二十多个军工局、厂。为解决资金短缺问题，他们又采取“官督商办、官办民用”形式开办了二十多个具有资本主义性质的民用企业。《辛丑条约》签订后，国内要求变革的呼声日渐高涨，为应对群众的呼声，清政府于 1901 年 4 月成立督办政务处，宣布实施“新政”、奖励工商、鼓励留学等改革措施。辛亥革命推翻了清政府的统治，建立民国，民国政府亦制定了一系列政策，大力发展工商业。虽然中国近代工商业面临封建统治阶级的政治压迫、资本主义的经济剥削，以及传统封建思想的禁锢等，但是这一时期国家经济政策相对放宽，商品经济活跃，“自由、民主”的思想深入人心，众多民营企业家不断涌现。

“实业救国、设厂自救”的观念启发了越来越多的民营企业家积极投资办厂，投身于工商业，并通过努力经营，学习先进的管理办法，促进了民营经济的发展。18 世纪后期，国外改良养蚕技术，发明先进的丝绸机器取代手工缫丝，提高了丝绸产品的质量，使得中国生丝及丝织产品在国际市场上越来越缺乏竞争力。1873 年，广东华侨商人陈启沅创办的继昌隆缫丝厂制造出国内第一台机械缫丝机，振兴了民族丝业。机器缫丝提高了劳动生产率及产品质量，远销欧洲和东南亚。“旧器所缫之丝，用工开解，每工人一名可管丝口十条，新法所缫之丝，每工人一名，可管丝口六十条，上等之妇可管至百口……新法所缀之丝，粗细均匀，丝色洁净，弹性好，以致在成本不变的情况下，沽出之价，竟多三分之一。”① 采用机器缫丝等

① （清）陈启沅：《广东蚕桑谱 · 自序》，1903 年版，第 4 页。

先进技术，为企业带来丰厚的利润，保证企业雇用更多工人进行扩大再生产。在其他行业亦是如此，如创办了上海的“发昌”号的孙英德和方举赞、鸿生火柴厂的创办人刘鸿生、大生集团的张謇等，都为中国民营工商业的发展做出了巨大贡献，他们是市民阶层的领军人物，带领市民阶层不断向前发展。

近代以来，随着大量人口的增加聚集，以及城市工商业者的大量涌现，城市市民阶层开始逐渐壮大并成为独立的政治力量，从而进一步促进了近代市民社会的形成。

第三节　市民社会与近代城市发展

纵观历史，中国近代市民阶层与市民社会的形成有其历史条件和社会背景。马克思说：“在人们的生产力发展的一定状况下，就会有一定的交换和消费形式。在生产、交换和消费发展的一定阶段上……就会有相应的市民社会。”① 市民社会是社会生产力不断发展的产物，是在商品经济自由化、城市生活世俗化、城市发展规模化的大背景下产生的，代表城市工商业者、手工业者、居民等人的意志，并在历史的舞台上扮演着越来越重要的角色。19 世纪末的汉口，“全国各地珍贵物产都汇集于此地，居民中除本地人外，还有来自东西南北的外地人……市民中一成为当地人，九成都是外地人。”②

从 1840 年到 1949 年，中国近代社会经历了晚清王朝的衰落、旧

① 《马克思恩格斯选集》第 4 卷，人民出版社 2012 年版，第 7701 页。

② ［日］斯波义信著：《中国都市史》，布和译，北京大学出版社 2013 年版，第 119 页。

民主主义革命、新民主主义革命，最终结束了半殖民地半封建社会的历史，建立了中华人民共和国。长期以来，国家是唯一的主导力量，决定着社会的发展方向，操控着经济命脉，在社会生活的各个方面都深深地打上了国家政治的烙印。统治阶级的高度集权化导致了社会生活的高度政治化。随着商品经济的发展，社会中原有的利益关系不断调整、重构，产生了"私人利益"。社会结构也发生了巨大的变迁，最终导致社会结构的分化，即市民社会同国家的逐渐分离。市民阶层正是社会生产力不断发展、商品经济体制不断完善的产物，同时，市民社会的发展亦对近代城市的发展有着极大的促进作用。

首先，从劳动分工角度，市民阶层的出现促进了生产力的发展。商品经济打破了小农经济的限制，使生产和销售分离，从而使一部分人专注于生产，一部分人负责经营销售，这一部分从事商品销售的工商业者聚集在一起，成为市民阶层的群众基础。正如亚当·斯密1776年在《国富论》中第一次提出劳动分工时所说："劳动生产力上最大的增进，以及运用劳动时所表现的更大的熟练、技能和判断力，似乎都是分工的结果。"① 可见，由于劳动分工的存在，不仅提高了劳动熟练程度，节约了劳动转换时间和培训成本，而且还减少了劳动监督成本，对提高劳动生产率和增进国民财富具有巨大作用。按照职能分类，市民阶层代表着商品经济背景下，从事商品贸易、谋取商业利益的人们。这一阶层的出现，反映了经济的蓬勃发

① ［英］亚当·斯密著：《国富论》，郭大力、王亚南译，商务印书馆2014年版，第11页。

展，同时对城市经济的壮大起到了积极作用，并在城市经济生活中扮演着重要角色。市民阶层中的商人大多来自民间，他们开创的民营企业充分发挥了人的主观能动性和市场的竞争力，带动了地区经济发展，弥补了政府实施经济手段带来的负面影响。梁琦教授也认为："专业化分工与交换是促进社会经济发展的重要源泉，其导致的生产力迅速发展、经济运行效率的调高，贯穿于整个世界经济史中。"① 同时，市民阶层维护了个人利益和权利，在"私人利益"和"普遍利益"之间充分发挥了调和作用，在"个人"和"国家"之间扮演了矛盾的协调者的角色。具体而言，在政治上，市民阶层以生活和发展为出发点，对政治生活起到监督、批判的作用，促使政治体制、经济体制、社会体制不断完善，朝着适合国家政体、经济形势、文化趋势的方向发展。同时，市民阶层的发展对城市化的贡献亦不容忽视。区域经济增长、各类产业的空间聚集，以及产业结构调整等都是影响城市职能结构、等级规模和城市化进程的重要因素，但归根到底，都是人的因素。城市中扮演重要角色的市民阶层以各种方式提高生产力，包括技术的创新、经济秩序的创立、新的商业领域的开创等，这些无疑都是推进城市化进程的核心因素。

其次，要辩证地看待中国近代市民阶层对于政治国家的作用。马克思从唯物史观出发，对市民阶层进行经验假设、理论论证和经验确证，形成了系统、科学的市民阶层理论。他认为"家庭和市民社会本身把自己变成国家。它们才是原动力。"② 恩格斯在马克思的

① 梁琦：《分工、集聚与增长》，商务印书馆 2009 年版，第 5 页。

② 《马克思恩格斯全集》第 1 卷，人民出版社 2012 年版，第 284 页。

基础之上深化了这一观点，他在《费尔巴哈论》中从经济关系的角度解释了政治和历史，即经济因素在世界历史上是决定性力量，正是由于经济利益的不同，社会中出现了不同的阶级，政治国家和市民阶级代表了不同的阶级。恩格斯指出："在现代历史中，国家的意志，总的说来由市民社会的不断变化的需要，是由某个阶级的优势地位，归根到底，是由生产力和交换的发展决定的。"① 不同阶级为了争夺经济利益会掀起斗争，马克思一语道破阶级斗争的实质，即"国家内的斗争——民主政体、贵族政体和君主政体的斗争，不过是虚幻的形式，在这些形式下进行着各个不同阶级间的真正的斗争。"② 也就是说，国内的斗争都是阶级的斗争。恩格斯也主张"一切政治的斗争即是阶级的斗争，都是围绕着经济的解放进行的。"③ 所以归根结底，商品经济迅速腾飞、生产力不断发展之下所诞生的市民阶层，在一定程度上，对国家起到了制衡作用，制约着国家意识形态和政治体制。借鉴中国近代历史，可以更清晰地对此进行验证。清朝以前，由六部（吏、户、礼、兵、刑、工）统一管理全国大小事务。随着鸦片战争的爆发、外国资本主义的入侵、各大通商口岸的开放、海外商品贸易的增加，以及商品经济的发展，政府行政机构也随之发生了变化。以五口通商（1843）为起点，清政府设立总理衙门（1861）、南北洋通商大臣（1861）等涉外机构，北洋政府设置农商部（1913）、财政部（1912）等 12 个经济管理部门，到南京国民政府时期已形成包含实业部（1928）、铁道部（1928）、全国经济

① 《马克思恩格斯全集》第 1 卷，人民出版社 2012 年版，第 443 页。

② 《马克思恩格斯全集》第 4 卷，人民出版社 2012 年版，第 7356 页。

③ 《马克思恩格斯全集》第 4 卷，人民出版社 2012 年版，第 7356 页。

委员会（1931）等机构在内的系统建构。这种嬗变在一定程度上即是市民社会发育引发的治理范式革命。中国近代生产力快速发展，市民阶层的出现正是新的生产力代表，而原有的生产关系极大地阻碍了生产力的发展，势必要发生变革。这些机构的变化都表明政府高度重视经济行政和政策制定，一方面是受到外国资本主义国家的强势压迫，另一方面是在逐渐开放的经济背景下，本国市民阶层对经济政治的诉求，对政府施加压力，正确引导政策的制定更符合商品经济的发展要求。这也表明市民阶级在政治上、经济上发挥了越来越突出的作用。

总之，市民阶层的兴起发展、市民社会的形成，是商品经济平等意识的体现，在一定程度上表明了城市市民人身权利的平等性；反过来，人身权利的解放，必将极大地激发广大市民的积极性与创造性，促使他们以主人翁的姿态投身到近代城市的发展中来，从而有效地促进了近代城市的发展。

第五章　个案分析——从云南口岸城市看近代城市发展的内外作用

通商口岸是近代中国城市发展进程中的一个重要方面，它的发展同时受到西方势力和中国传统因素的影响。以云南通商口岸为例展开研究，可以较为系统地分析西方势力对通商口岸发展的负面影响，从而为客观剖析近代城市的推动力提供了一把钥匙。

自鸦片战争（1840）以后，通商口岸成为影响中国经济发展的一个重要方面。自从1842年《中英南京条约》签署之后，“在两年之内，法国与美国都获得了与英国相等的权利，最终共有19个国家获得治外法权和其他特权，到1917年已经开放了92个条约口岸，其中一些已经深入到中国内地，从上海远至长江上游1400多公里处的重庆。”① 通商口岸数量之多、地位之重，在中国近代城市中占据着举足轻重的分量，所以本书以云南口岸群（蒙自1889、思茅1896、

① ［英］安格斯·麦迪森著：《中国经济的长期表现》，伍晓鹰、马德斌译，上海人民出版社2011年版，第38页。

腾越 1902）作为典型样本，通过梳理开埠前后云南对外贸易的发展变化，达到厘清口岸城市近代化发展之目的。

第一节　开埠前云南对外贸易发展史

虽然通商口岸是近代新生事物，但口岸贸易、边民贸易却早已有之。云南在古代与南亚、东南亚地区的对外贸易早已为近代云南通商口岸的发展奠定了历史基础和文化基础，加以云南的区位优势和资源优势，近代云南城市的对外贸易中，云南不仅受到外部力量的冲击，城市内部力量也在寻找机会发展，并努力实现自身在社会、经济各方面的近代化，成为边疆民族地区外向型发展的典型。

一、近代之前云南对外贸易情形

云南地处祖国西南边陲，地势由北向南逐次降低，西北海拔最高，接青藏高原，东南海拔最低，接越南。从地理格局上看，可以将云南分为三级阶梯：一级阶梯为滇西北部的德钦、香格里拉一带；二级阶梯为滇中高原；三级阶梯为滇南部、东南部和西南部。江河顺势而流，自北向南，同样也对云南的交通产生了重要影响。由于与中原地区距离远，又有重山阻隔，云南不论与外界的交通还是内部的交通都极为不便，导致其经济发展和思想进步都受到极大阻碍，云南与中原地区的长途商品运输和贸易亦难以展开。[①] 清朝初期，云南“道路险远，舟车不通，商贾罕至”，“市未集，百货未通”，甚至

① 刘云明：《清代云南市场研究》，云南大学出版社 1996 年版，第 3 页。

有“一粟一丝其价十倍于它省”① 的说法，由此可见云南市场与国内市场的分割。

相比于与国内的交往，云南与周边邻国的交通更为便利，且民族相近，习俗相似。北高南低的地形在一定程度上也有利于对邻国的贸易。由于海拔变化大，云南多数河流难以通航，于是沿河流形成了许多重要的马帮通道，在河流流入缅甸等地势较为平坦的地区之后就可以采用河运，方便了对外贸易的发展。

受到高额运输成本的制约，云南与中原地区贸易的货物基本以单位体积或重量含价值高的奢侈品和贵重物品为主。与邻国贸易方面，既包括了朝贡贸易，也包括了边民贸易。由于交通条件相对较好，从元代开始云南边境贸易即开始了从奢侈品向生活必需品转换。由此可见，受到地理因素的影响，云南经济在近代以前就已经出现了于内相对闭塞、于外相对开放的特征。

云南与周边国家的贸易在近代以前主要是朝贡和民间互市贸易，其中缅甸、南掌朝贡道路经过云南，② 而安南、暹罗朝贡道路不过云南③。朝贡也不是绝对的，朝贡使团也会顺带进行民间贸易，云南在朝贡贸易方面主要对象就是缅甸、老挝。然而，朝贡贸易并非每年

① （清）鄂尔泰修，（清）靖道谟纂：《（乾隆）云南通志》，清乾隆元年（1736）刻本，第1615页。

② （清）昆冈等《（光绪）大清会典事例》卷五〇二载：“康熙元年议准，缅甸贡道由云南”；《清史稿》卷五二八《属国·南掌》载：“南掌国五年一贡，贡使由普洱府入”。

③ （清）昆冈等《（光绪）大清会典事例》卷五一〇载：“雍正二年议准：安南国贡使进京，广西巡抚给予堪合，由广西、湖南、湖北、江西、江南、山东、直隶水路行：‘回日由部照原堪合换给，仍由水路归国’”；（清）昆冈等《（光绪）大清会典事例》卷五〇二载：“康熙六年议准‘暹罗贡道由广东’”。

都有，而是数年一次，并且朝贡贸易受到政治因素制约，因此朝贡贸易带来的边贸实际并不频繁。清雍正期间，南掌国五年一贡；乾隆初年，南掌国十年一贡；乾隆后期，缅甸国十年一贡。[①] 由于朝贡贸易对途经各省的贸易发展实际作用不大，按照费正清的观点，“不能说中国朝廷从朝贡中获得了利润。回馈的皇家礼物通常比那些贡品有价值得多。在中国看来，对于朝贡贸易的首肯更多的是一种帝国边界的象征和一种使蛮夷们处于某种适当的顺从状态的手段。”[②] 这一点，从当时来华英国人的日记中也可得到证实。1793 年 9 月 15 日，英国马嘎尔尼使团一次便获得清帝赠品包括“大量的上等丝绒、丝绸、缎子，以及几盏美丽的中国灯和珍贵的瓷器，此外还有不少极为细致的油漆箱子……”[③]，使团成员如获至宝，兴奋异常。由此可以看出，朝贡贸易的象征性意义远大于实际意义，因而在生产、生活需求的推动下，边民互市发展起来。

云南与周边各国长期保持着贸易往来，中原地区的战乱很少波及云南地区，因而云南与周边各国始终保持着频繁的贸易往来，边民互市无时无刻不在发生。民间边贸的贸易额一般都不大，但一定时期内的贸易总额还是可观的。这种民间贸易产生的原因是环境差异、生产方式差异，双方是在互通有无的需求下产生的，既是双方日常生活必不可少的一部分，也是互利共赢的渠道。比较两种贸易形式可以发现，民间贸易在一定程度上占据形式灵活、贸易内容多

① 赵尔巽：《清史稿》卷五二八《属国三 · 缅甸》，第 14687—14688 页。

② 李伯重、韦森、刘怡等：《枪炮、经济与霸权：谁在争夺世界经济的铁王座》，现代出版社 2020 年版，第 12 页。

③ ［英］爱尼斯 · 安德逊著：《在大清帝国的航行：英国人眼中的乾隆盛世》，费振东译，电子工业出版社 2015 年版，第 132—133 页。

样等优势。当西方列强侵入缅甸和老挝后，清王朝与这些国家的藩属关系被破坏，朝贡贸易自然被终止，于是民间贸易的地位和作用在云南更加凸显出来。

清代云南与周边国家贸易的商品主要包括出口与进口两个方面。云南出口周边各国商品主要是茶叶、丝绸等中国特产；进口商品中缅甸输往云南，或进一步输往中原地区的是玉、棉花等周边国家特产等。《腾越州志》载："今商客之贾于腾越者，上则珠宝，次则棉花。宝以璞来，棉以包载。骡驮马运，充路塞途。"① 珍珠之类的奢侈品单位体积或单位重量的价值含量高，而棉花是织布的必要原料，因而成为缅甸入滇的重要商品，如费却在《缅甸的过去与现在》中就曾说："19 世纪中叶以前，中缅交易以八莫为中心，中国方面以丝和雄黄等物品向缅甸交换棉花和漆料等物资。"②

云南与老挝之间，从清朝开始贸易往来就未断绝，除了定期朝贡贸易之外，利用茶马古道开展的茶马贸易也发展很快。《皇清职贡图》载："老挝人知耕种，勤纺织，其近在普洱府东界外者，常入内地贸易。"③ 云南输往老挝的商品中茶叶占据重要地位。茶叶以滇南西双版纳一带产的普洱茶最好，产量也最多，云南的普洱茶不仅在西藏、四川和中原地区销路很好，同时也是云南对老挝贸易的重要商品，故此普洱府到老挝的这一段商道被称为"茶路"。此外，印度、泰国、柬埔寨也与云南保持着贸易往来，但是贸易的种类、数

① （清）屠述濂纂修：《腾越州志》卷三《土产》，成文出版社 1967 年影印版，第 46 页。

② 艾伯特·费却：《缅甸的过去与现在》卷二，1878 年版，第 96 页；转引自孙来臣《明清时期中缅两国贸易关系及其特点》，《东南亚研究》1989 年第 4 期。

③ 汪德荣编：《中国-东盟贸易概论》，中国物资出版社 2011 年版，第 229 页。

量和贸易额都不及与云南接壤的老挝、缅甸和越南。

腾越因其地理优势，成为云南开放的门户，是通向缅甸的门户，是云南与缅甸贸易的必经之路，据《腾越州志》载："今客商之贾于腾越者，上则珠宝，次则棉花，宝以璞来，棉以包载，骡驮马运，充路塞途。今省会解玉坊甚多，碧沙之声昼夜不歇，皆自腾越至者"①。又《永昌府志》载："经商者少，俱不善作贾……腾越较善经营（商业），故民户亦较裕"。

思茅是传统的产茶区，思茅茶叶为云南与缅、老、越的商贸往来提供了必要的条件和支持。总的来说，滇缅贸易在云南开埠之前占据主要地位，因而腾越也就成为云南对外贸易最为重要的商品集散中心。②

近代以前的对外贸易，是一种平等互利的经济贸易活动，体现的是一种互利互惠的经济关系。无论是政府间的贸易，还是民间私商往来，都是建立在独立自主、平等互利基础之上，依据需要与可能的原则进行的。正因为如此，千百年来，对外贸易活动可以久盛不衰。历史上，云南沿边出现过众多经济、文化繁荣的城市，在很大程度上都与邻国间和平共处、平等互利的贸易往来有着直接的关系；随着对外贸易的发展，互通有无，奠定了中外人民之间的友好情谊，使得云南与南亚、东南亚各邻国之间和睦相处。

云南与缅甸之间，自古以来就在经济上相互联系，互为补充，

① （清）屠述濂纂修：《腾越州志》，成文出版社 1967 年影印版，第 84 页。

② ［英］戈·埃·哈威著：《缅甸史》下册，姚梓良译，商务印书馆 1973 年版，第 548 页。转引自吴兴南《云南对外贸易——从传统到近代化的历程》，云南民族出版社 1997 年版，第 86 页。

文化上相互交流。缅甸的音乐舞蹈、小乘佛教影响到滇南、滇西南的傣族聚居区，云南的手工技术也传入缅甸。当时，中国政府积极鼓励双方商民友好交往，对于来华商旅，政府独立行使管辖权。中国政府对外国商人实行独立自主的检查、管理和监督，其在云南及中国内地所从事的经营活动，必须遵守中国政府的法令，并按照中国政府制定的章则缴纳货物进出口税，他们的日常活动也只能在中国法律许可的范围内进行。这是主权国家处理对外贸易的一般原则。这表明，当时中国执行的是一条独立自主的对外贸易政策，政府针对中外贸易和来华外贸商人在特定阶段实施管理。

早在明朝初年，鉴于商人、使节往来频繁，明朝政府便在昆明设立“缅字馆”，负责接待缅甸来使及贸易商人，充当翻译，服务于中国政府和商贸业务。明永乐三年（1405），明朝政府还在云南设置“市舶提举司”，接待经由云南遣使入贡的诸国、诸土司使节及境外贸易商人。[①] 这里，无论是“缅字馆”，还是“市舶提举司”，都是政府执掌通商贸易之责的机构，甚至就连朝贡贸易的具体工作也是通过市舶司来执行。中国历史上的市舶司，虽然各代的职责范围有大小之别，但其基本职能是相同的。市舶司的设立，本身就是政府实施对外贸易管制的产物。

政府牢牢控制着对外贸易，及至清代前期，对外贸易仍受政府的严格管控。何时开放海外贸易，何时禁止海外贸易，完全是由政府的对外政策来确定。这一政策，无论是本国商民还是海外客商都

① 姚贤镐编：《中国近代对外贸易史资料（1840—1895）》第2册，中华书局1962年版，第686页。

必须严格遵守。对于外国商人来华贸易过程中的非法活动，政府均给予严厉制裁。进出中国国门必须遵守中国的章则，否则便严加限制或防范。虽然，用现代人的眼光来看，明清时期的对外贸易管理不免带有闭关自守的色彩，但是无论如何它是一个独立自主的主权国家对对外贸易实施的有效管理。

二、近代以来直至开埠前云南的对外贸易

蒙自开埠前，省会昆明是云南对外贸易的中心。由于云南与缅、老、越的边界线长达四千余公里，此外还有不少次要商道，如经缅宁（临沧）到缅甸腊戍的滇缅中路商道，也是一条比较重要的商道。仅由腾越进入缅甸的通道就有 27 条之多，其中最重要的是腾密（腾冲至密支那）、腾八（腾冲至八莫）商道。①

（一）古老的“南方丝绸之路”滇、缅、印商道

云南外贸最古老的商道是由大理经保山到腾越再到缅甸、印度的“蜀身毒道”——“南方丝绸之路”。这条商道通缅甸、印度再转西亚到欧洲的贸易，已有两千多年的历史。随着社会经济的发展，贸易已由供上层社会享用的贵重商品逐步扩大到平民百姓的生活必需品。到了两宋时期，缅甸已有用中国生丝织成的纱笼。明代除有大量的玉石、宝石输入中国外，棉花也开始输入。至清代嘉庆、道光年间，云南与缅甸的贸易已很繁荣。《腾越州志》载：“商客之贾

① （清）屠述濂纂修：《腾越州志》卷二《疆域》，成文出版社 1967 年影印版，第 23 页。

于腾越者，上则珠宝，次则棉花，宝以璞来，棉以包载，充塞路衢。”近代以来，“南方丝绸之路”的贸易又有新发展。出口货最主要的是传统商品生丝，因缅甸气候的原因，中国丝织品深受缅甸人民欢迎，长期以来，生丝输缅成为最大宗的商品。除生丝外，出口的商品尚有绸缎、金银器皿、生活用品、铁锅、土碗、土布、剪刀、斗笠、核桃、茶叶等。

从缅甸进口的主要商品是棉花。由于云南不产棉花或产棉很少，所以自明代缅棉开始输入以来，输入量一直在增加。这就促进了云南手工棉纺织业的发展，云南手工棉纺织业的发展，反过来又增大了棉花的需求量，棉花进口日益扩大。到19世纪30年代前后，输入量已相当大。① 英人布赛尔在其所著《东南亚的中国人，在缅甸的中国人》中估计，至1826年，缅棉输入中国共达1400万磅（合63500公担），价值22.8万英镑。1874年的《西酉日记》中也有“缅棉每岁贩入云南者十数万驮”的记载。② 这些数字虽然不一定精确，但也说明当时棉花的输入量是相当大的。早在汉代就开始输入的玉石是除棉花外的主要输入商品，腾越人大批到缅甸经营玉石的历史也已达五百多年。③ 玉石从业者甚多，有的垄断了玉石厂为“岗家”，有的是经营判断成色的行家里手。由于腾越州城和省会昆明成了玉石加工和集散地，故《腾越州志》对腾越有“昔日繁华百宝街，富商大贾挟资来”的描述，对昆明则有“云南省会解玉坊甚多，昼夜不

① 中国人民政治协商会议云南省委员会文史资料委员会等编：《云南文史资料选辑》第42辑《云南进出口贸易》，云南人民出版社1993年版，第4页。

② 中国民主建国会云南省委员会、云南省工商业联合会编：《云南工商史料选辑》第1辑，云南人民出版社1988年版，第37页。

③ 李珪主编：《云南近代经济史》，云南民族出版社1995年版，第146页。

断，皆自腾越至者”① 之记载。除棉花和玉石外，进口商品还有琥珀、翡翠、宝石、象牙等。

（二）经蒙自的滇越商道

中越矿业贸易起步较早。由于矿业的发展，近代蒙自地区就有民间对国外的矿产贸易。鸦片战争后，英国割据香港，使之成为国际商业城市，个旧大锡开始运销香港，蒙自、个旧地区的对外经济贸易与香港的联系日益增多。束世澄的《中法外交史引越事备考》记载：“滇南所产铜、铅、铁、锡、鸦片烟，取道红河出洋；各项洋货，又取道红河入滇，愈行愈熟，已成通衢。”② 中法战争期间，因红河至越南海防的外贸路线“进海防口所完成之税过重，且往云、广两省边界，又须再完中国税饷，所以销运此两省之货，大半经由北海口转运”。中法订立滇越边界商务合约，蒙自开埠之后，一是经过广西进入云南之税捐极重，二是陆运之路途太长，于是外贸通道多经由红河至越南海防港一线。经红河出口的商品以个旧的大锡为主，其次为特货（鸦片），除此之外尚有牛羊皮、茶叶、药材及其他土特产品等，但占的比重都很小。进口商品以棉纱为主，其他为棉花、烟丝、煤油、纸张等日用百货。

（三）经思茅到泰国、老挝、缅甸的商道

清光绪二十五年（1899）思茅关记载：“60 年前，所有安南、暹

---

① （清）屠述濂纂修：《腾越州志》，成文出版社 1967 年影印版，第 84 页。

② 束世澄：《中法外交史》，商务印书馆 1929 年版，第 20 页。

罗、缅甸各部分商人，皆来思茅贸易。外商所携来者为洋货、燕窝、鹿角与棉花，而所交换以去者则为生丝、铁器、草帽、食盐与黄金。当时贸易情形，雨季与干季同样繁荣。……当时滇川两省各市镇洋货的来源完全依赖思茅供给。故其在商业上居于极重要地位。惟自……长江开放，香港兴起，继之以英占缅甸，经此数次大变动后，思茅商埠遂一落千丈。"① 近代以思茅为集散市场的外贸虽已衰落，但也并未完全停顿。如光绪初年以来，玉溪、通海、峨山一带的以回族为主的马帮群仍与缅甸、老挝、泰国进行贸易。他们走一趟大约要历时半年时间。将昆明等地购买的毡子、马掌、黄腊、缎子、黄丝、土布、草帽运到泰国、缅甸、老挝等地去卖，回头货是鹿茸、象牙、虎皮、豹皮、虎骨、獭皮、熊胆、犀角、纸烟、布匹和英德制的西药等。

（四）由剥隘经百色到北海港的进出口商道

由于百色是滇黔土产出口必经之要道，该路进出口商业颇丰，"每年棉纱进口达 10 万包"，"经过北海之云南贸易，进口棉纱达海关银 100 万，棉织匹头 25 万，毛织品 20 万，而锡之出口为数亦巨。"② 由于路途长及税制等原因，这条道的外贸很不稳定。如在蒙自开关前曾一度兴盛，个旧大锡曾由此路出口，洋货也由此进口。1889 年蒙自开关以后，此商道即逐渐衰落，1899 年经由梧州、南宁

① 中国人民政治协商会议云南省委员会文史资料委员会等编：《云南文史资料选辑》第 42 辑《云南进出口贸易》，云南人民出版社 1993 年版，第 6 页。

② 龙云等编，牛鸿斌等点校：《新纂云南通志》卷一四四《商业考二》，云南人民出版社 2007 年版，第 108 页。

进口货值尚有一百三十余万元。滇越铁路通车后，进出口贸易又进一步减少。

第二节　开埠后云南口岸贸易发展及其经济影响分析①

一、开埠通商后云南商贸的发展

随着近代经济全球化的发展和帝国主义全球范围内的扩张，处于边疆的云南成为各列强觊觎的对象，加快了对云南的入侵步伐，1889 年蒙自被划为通商口岸，1897 年、1902 年思茅和腾越分别被强制要求开关通商。随着进出口商品的规模迅速发展，商品结构也发生了显著的变化。

（一）进出口商品的发展

云南地处我国西南部，历史上形成了经缅甸、印度的南方丝绸之路，经越南的海上贸易通道，对外贸易发展有一定的历史基础。开埠通商以后，进出口贸易数量增加很快。以蒙自口岸为例，“1899 年蒙自开关之始，进出口总值仅有 14.99 万平银两，到 1899 年即增至 547 万多关平银两。”② 城市经济也发展很快，1889 年以前蒙自城区人口只有几千人左右，到 1896 年城区人口增加到 1.2 万人，1904

① 本部分重点参考肖建乐、王明东《通商口岸与近代中国经济发展——以云南为例》，《云南社会科学》2020 年第 4 期。

② 云南地方志编纂委员会编：《云南省志》卷十六《对外经济贸易志》，云南人民出版社 1998 年版，第 34 页。

年更是增加到4万多人。蒙自口岸进口商品以棉纱、布匹为大宗，棉纱约占57%，出口则以大锡为大宗，约占总额81%。从年均贸易增长率看，蒙自为7.63%，腾越为3.84%。以香烟输入为例，1901年“尚无纸烟入口，及1906年其输入之货值1.0998万两；至上年（1910年）增至2.9914万两；本年（1911年）竟加至4.3329万两”①。5年间，香烟入口货值增加了4倍，其增加的速度是惊人的。全省进出口的贸易货值，据李珪和梅丹统计，“蒙自关从1890年的927282海关两增加到1911年的11398300海关两，增加了11倍；思茅关从1897年的185974海关两增加到1911年的235208海关两，增加26%；腾越关从1902年的661695海关两增加到1911年的1684213海关两，增加了一倍半。”② “从1890年到1931年，云南对外贸易进、出口货值分别从466089海关两和461193海关两增至8498686海关两和7184478海关两，后者分别是前者的18.23和15.58倍，其货值增加之巨不可谓不惊人。”③ 与全国同期比较，云南1889年出口总值和进口总值分别为10万美元和7万美元，各占全国出口总值的0.10%和0.05%；1920年即上升为占全国出口总值的27%和进口总值的1.8%。④

---

① 汪敬虞：《中国近代工业史料》第2辑上册，科学出版社1957年版，第230页。

② 李珪、梅丹：《云南近代对外贸易史略》，载中国人民政治协商会议云南省委员会文史资料研究委员会编《云南文史资料选辑》第42辑，云南人民出版社1993年版，第8页。

③ 杨伟兵：《中国近代经济地理》第四卷《西南近代经济地理》，华东师范大学出版社2015年版，第344页。

④ 李珪、梅丹：《云南近代对外贸易史略》，载中国人民政治协商会议云南省委员会文史资料研究委员会编《云南文史资料选辑》第42辑，云南人民出版社1993年版，第2页。

进出口商品的种类分析。近代以前，云南进出口贸易商品不足百种；开埠通商后，迅速上升至千余种。传统商品除棉花继续成为大宗进口货物之外，资本主义国家输入的工业品则居于主导地位，出口则大多为原材料和矿产品。自三关开埠通商到抗日战争全面爆发前，进口年均增长率为 3.22%，出口则为 9.64%。出口货物分为矿产原料、农副产品和手工业品三大类。其中，“资本主义大工业生产和发展，对锡的需要大为增加，刺激了锡生产的发展。1917 年云南锡出口首次达到 11223 吨的高点，价值 1192.7 万美元，占出口总值的 79.2%，与 1889 年相比，出口数量增加 42.8 倍，价值增加 143 倍。”① 以矿产和农副产品作为交换物的云南对外贸易，既反映了当时生产的落后状况，又说明云南是西方列强的工业品倾销地和原料供给地。

正如袁国友所说，“自光绪十五年蒙自开关至辛亥革命以前……此时的云南对外贸易，已被纳入了国际市场体系之中。”② “开埠之后……仅通过蒙自香港之间的口岸贸易就占到了云南对外贸易总额的 60%左右”③，由此可见，开埠通商对云南贸易的推动。由于贸易主导商品的单一性，对外贸易极易受到来自世界市场价格波动的影响，资本主义国家正是通过压低大锡价格和抬高棉纱倾销价格来达到操纵云南对外贸易的目的。从近代国际市场大锡、棉纱交易情况看，大锡价格逐年下降，棉纱价格逐年上扬，两种大宗进出口商品

---

① 云南地方志编纂委员会编：《云南省志》卷十六《对外经济贸易志》，云南人民出版社 1998 年版，第 47 页。

② 袁国友：《论近代前期的滇港经贸关系》，《云南社会科学》2002 年第 4 期。

③ 郭亚非：《近代云南与周边国家区域性贸易圈》，《云南师范大学学报》（哲学社会科学版）2001 年第 2 期。

价格的变动差异，成为左右云南对外贸易顺逆的决定因素，每当大锡价格下跌、棉纱价格暴涨，对外贸易必定呈现逆差，反之则为顺差。因此，大锡、棉纱两种大宗商品的价格差，不仅制约着云南全省对外贸易的规模，而且决定着全省贸易顺逆差的程度。

（二）进出口商品结构的变化

云南对外贸易发展史中，前资本主义时期对外贸易交换物品大都是供生活性消费的产品。明清以前，在云南进口商品中，珠宝、玉石、琥珀、犀角、象牙、海贝所占比例很大。明清以后，随着生活方式的改变和各种奇珍异宝资源日益匮乏，这些珍稀物品的进口日益减少，而满足普通百姓生活所需的各类物品的进出口则显著增加。这充分体现了贸易双方的极大互补性，这也是早期对外贸易的一大特征。开埠通商以来，平等互利的传统对外贸易格局被打破了。

蒙自口岸在三口岸贸易中占有重要地位，其进出口商品种类繁多。进口商品尤以棉纱、棉花、纸张、煤油、烟类、海味为大宗，棉纱又居于进口货物之首，经常达到贸易额的一半以上。居于二三位的一般是烟丝和棉花，烟丝和棉花最多的时候也只有棉纱的一半。可见棉纱在蒙自进口商品中的垄断地位。蒙自口岸的出口商品中大锡、铅、锌、猪鬃、茶叶、皮革、火腿、药材为大宗。其中大锡长期居于垄断地位，常年达80%以上，甚至有的年份达95%以上，其余商品的出口值比重极低。可见蒙自的商品出口与进口一样具有单一性特征，大锡的垄断地位远高于棉纱。

思茅口岸主要的进口商品为棉花、缅甸梭罗布、鹿皮、煤油、鹿角、棉纱等，其中棉花进口数量最多，其他商品数量少且变动幅度大。因此，真正能称为大宗进口货物者只有棉花。思茅口岸的出口商品中以普洱茶为最大宗，“滇南思普一带恒以花茶为大宗，而坐贾行商无不争利于二物内。”① 但是思茅产的普洱茶并不适合西方人的口味，因此出口市场受到制约，数量和货值在多数年份都不高，也仅是与其他商品相比较，“惟茶叶尚可称述耳”。②

腾越进口货物主要来自缅甸、印度，以棉纱为最大宗，棉花也是腾越进口之重要商品。腾越口岸出口商品以黄丝、药材、牛羊皮、土布等为主。英国占领缅甸前，缅甸的棉花主要输往云南。在英国占领缅甸之后，缅甸的棉花就开始大量输往印度。因为英国为了发展殖民地经济在印度大力发展棉纺业，从而缅甸输往云南的棉花就受到了一定限制。同时，从印度经越南进入云南的棉纱以价廉质优而受到广泛欢迎，尤其是在开埠以后，更是迅速占领了市场，严重打击了土纱，棉纱成为腾越口岸进口的大宗商品。

（三）不平等贸易的影响

清末到民国时期，世界格局、云南地区社会经济状况都发生了巨大变化。随着外部力量的介入，形势变化很快。三口岸城市的进出口贸易有着一个共同的特点，即有一种商品占据垄断地位。这种垄断商品的贸易数量和贸易额的增减对地区经济有重要影响，如棉花决定思茅贸易额的起伏，黄纱则左右了腾越的兴衰。在资本主义

---

① 龙云等编，牛鸿斌等点校：《新纂云南通志》卷一四四《商业考二》，云南人民出版社 2007 年版，第 111 页。

② 云南省志编纂委员会办公室编：《续云南通志长编》下册，云南省志编纂委员会办公室 1985 年版，第 575 页。

海外扩张的过程中，中国沦为西方资本主义国家的原料产地和商品市场。云南以原材料换取西方工业制品，成为落后的中国同西方资本主义国家贸易的主要形式。掠夺原材料资源和倾销工业产品成为西方列强开埠通商的主要目的，严重制约了对外贸易的正常发展。为倾销西方的工业品，中国的进口税率被不断压低，“一般说来，当时中国进口税率水准只及美国六分之一。”①

随着贸易的发展，云南大量的原材料资源被运至西方，他们所产的洋货则充斥着云南市场。仅据云南三海关的不完全统计，20 世纪 20 年代，输出的农副产品达 90 余种，矿产品近 20 种，其他货物若干；输入品 300 余种，仅纺织品就有 70 多种。同期，经思茅口岸输出的农副产品 90 余种，矿产品 7 种；输入品 70 余种。腾越口岸输出农副产品 120 多种，内含矿产品 8 种；输入 200 余种。20 世纪二三十年代，云南出口的 7 种大宗产品蚕丝、牛羊皮、茶叶、药材、桐油、大锡均为原材料，其货值累计占全省出口总值的 95% 以上，其中云南大锡成为资本主义工业化国家搜刮的最重要的原材料之一。进口商品中，开埠初期形成的 7 种大宗商品有 6 种为工业制造品，仅棉花一项为初级产品。20 世纪 30 年代开始，机器及零部件、交通工具、电力设备、汽油、柴油、电石、搪瓷器皿、水泥建材等工业制品也大量进口，形成了资本主义国家大量输入工业制品、云南大量输出农副产品和工业原材料的不平等贸易格局。在洋货的充斥下，土货市场日渐萎缩。由于进口商品充斥，土货市场多为洋货所挤占，

① 姚贤镐：《两次鸦片战争后西方侵略势力对中国关税主权的破坏》，《中国社会科学》1981 年第 5 期。

百姓日益贫苦。

在贸易商品结构变化的同时，商品价格也发生了重大变化。进口工业制品价格往往大大高于其价值出售，出口的农副产品及工业原材料却常常是被迫以远远低于其价值的价格出售，造成进出口贸易商品价格的剪刀差。这种不等价交换，使资本主义国家获得了在正常贸易中得不到的高额利润，云南却在这种不等价的贸易中损失惨重。以棉纱、大锡为例，贯穿20世纪二三十年代，棉纱价格呈现逐年上涨之势，大锡价格却逐年下跌。进出口市场价格受列强操纵，以服务于资本主义的生产和销售。出口茶叶价格逐年下滑，大锡出口价格被不断压低，事实上当时的中国已经失去了出口商品的定价决定权，处于完全受制于人的境遇。云南种植业也开始受制于西方，“鸦片到19世纪的最后十年开始向东南亚出口，成为云南重要的出口商品之一。”① 云南渐渐变成了资本主义的农副产品及工业原材料供应地和工业品的倾销市场。

随着云南被迫卷入资本主义世界市场的旋涡，不平等的对外贸易格局逐渐形成。马克思认为，“只要商业资本是对不发达的共同体的产品交换中起中介作用，商业利润就不仅表现为侵占和欺诈，而且大部分是从侵占和欺诈中产生的。”② 近代西方列强对云南不平等贸易，正代表了这种商业资本的掠夺制度。

---

① ［美］戴维·纽金特著：《封闭的体系和矛盾：历史记载中和记载外的克钦人》，载云南民族研究所编印《民族研究译丛》，1983年版，第152页。

② 《马克思恩格斯全集》第1卷，人民出版社2003年版，第368页。

二、世界分工体系视域下云南区域经济的发展

人类社会的发展史也就是社会分工的发展史。分工带来专业化的发展及其对交易的依赖程度加深，促进了经济发展。专业化的发展及其对交易的依赖程度加深，促使交易半径扩大，促进市场规模扩大。市场规模扩大反过来又促进交易效率改善。

云南近代三通商口岸的开辟是当时经济全球化和帝国主义倾销商品的必然结果。随着形势的发展，云南逐渐融入世界贸易分工体系。[①] 由于分工是比较优势和交换的力量促成的，所以分工和贸易的范围必然总是受到交换能力范围的限制，换言之，分工受市场范围限制。

通商与开放改变了云南人的生活习惯，如就医、就业观念，时空和地理观念，使近代科学、民主的思想渐入人心。口岸通商以后，民众的思想观念开始转变，包括对世界和对自身的认识。相对中国其他地方，云南开放较晚，但是三口岸通商以后，尤其是滇越铁路修通以后，民众的思想观念转变较快，这一点集中表现在护国运动的发起上。开埠通商以后，从口岸源源不断地输入了西方的工业品、文化、价值观和宗教，逐渐改变了人们的生活方式和思维习惯，取而代之的是近代科学技术及政治、经济、文化思想。

开埠通商进一步瓦解了传统的小农经济，创造了新的商品需求，催生了近代工业。开埠通商解放了云南的生产力，释放了被抑制的

① 肖建乐：《云南近代通商口岸研究》，《云南民族大学学报》（哲学社会科学版）2012 年第 5 期。

商业资本，增强了要素流动，为云南近代化发展创造了历史机遇。同时，也改变了人们的观念，为近代工业发展提供了文化保障。种植业、手工业、近代工业都面临着东南亚和背后西方列强近代化生产方式的竞争压力，区域间要素流动加大，如四川的劳动力到云南务工，缅甸和印度的棉纱在云南加工，传统商号积累的商业资本开始投资于矿业、纺织业，等等。通商后大量四川移民同价格低廉的印度棉纱一起进入云南，催生了云南的织布工业。“从云南南部几乎全民所穿衣物均由印度棉纱制成，可以看出外来棉纱对云南市场的冲击。”[①] 国外近代商品的倾销，促使云南生产改变了自给自足的局面，转向商品生产和商品交换。

云南在晚清时期就形成了腾越帮、鹤庆帮等大大小小的商帮，与其他省份的交往日益频繁，形成了以昆明为中心的传统市场。“云南省际贸易之途径，迤东一带，与川黔交往频繁，而以昭通、曲靖为货物聚散之中心；迤南一带，则与两广、上海交易，以蒙自、个旧为货物聚散之中心，迤西一带与康藏发生交易，以下关、丽江为货物聚散之中心；全省多以昆明为出纳之总枢纽。”[②] 蒙自开关之后，尤其是滇越铁路通车之后，涌入了大量的洋货，这些洋货大多在云南省内被消费，说明云南当时的消费水平已经与繁荣的商品经济相适应。“随着铁路铺设，外国商品与外国货币涌了过来，洋行的招牌陆续出现在昆明街头，如广聚街的若利玛洋行、徐壁雅洋行、三市

① 彭泽益编：《中国近代手工业史资料（1840—1949）》第2卷，中华书局1962年版，第251页。

② 龙云等编，牛鸿斌等点校：《新纂云南通志》卷一四四《商业考二》，云南人民出版社2007年版，第108页。

街的郭米纳洋行……"① 商帮的发展和近代转型，各国洋行在云南纷纷成立并成功运转，一定程度上带动了云南工商业的发展。

铁路的修建促进了近代云南经济发展。滇越铁路通车以后，云南到东南亚的交通时间大大缩短，从昆明到蒙自由原来的9天缩短到2天，滇越铁路成为云南乃至整个西南地区通向东南亚、走向国际市场最为便捷的通道。除了缩短时间，滇越铁路更为重大的意义是货运能力的大幅提升。1920年全线机车达85台，通车初期，年均货运量在10万吨左右；1925年到1931年，7年间的货物累计运量达222.6万吨，年均31万吨。② 滇越铁路对云南对外贸易、居民出行都产生了巨大影响，一定程度上改变了上千年的传统交通方式。1911年到1913年的三年里，云南省进出口总额达5872.41万关平两，比通车前三年净增长2243.49万关平两，增长了61.8%。在三口岸中，与滇越铁路联系最密切、利用率最高的蒙自增长速度最快，而昆明至广西北海一线的商路则日渐衰落，"1889年蒙自开关后逐渐衰落……滇越铁路通车后，进出口贸易额又进一步减少。"③ 滇越铁路的修建虽未能全面提升云南的交通水平，但带来的交通条件改善是极其巨大的，直接引起了云南对外贸易进口由棉纱、烟丝、煤油、纸张等向汽车、机械设备、机械零件、水泥等工业原材料和工业制成品扩展，出口逐渐从农副产品和初级工业品向初、精加工产品过

---

① 李埏：《滇越铁路半世纪》，《云南日报》1957年4月14日。

② 云南省志编纂委员会办公室编：《续云南通志长编》中册，云南省志编纂委员会办公室1985年版，第1013页。

③ 政协云南文史资料编辑委员会编：《云南文史资料选辑》第42辑，云南人民出版社1993年版，第7页。

渡。滇越铁路推动了云南近代化进程，使得云南进一步融入早期经济全球化浪潮中。

1889年蒙自开关之后，在外部因素和内部因素的主导下，云南传统经济逐步瓦解。这一时期，云南对外贸易成为区域要素流动的桥梁和内外因素交织及发挥作用的重要领域。“从传统经济向市场经济的转变过程实即经济近代化或现代化的过程。”[①] 蒙自开关，尤其是滇越铁路开通以后，大锡出口更加方便，销往东南亚就成为主要的途径，此后大锡一直是云南主要的出口商品。大锡作为重要的工业原料，成为西方列强谋求的云南财富之一。尽管作为原材料，大锡的价格被西方列强大大压低，但是大锡贸易对云南采矿业、交通运输业和商业资本的发展有着巨大的拉动作用，促使云南从传统经济走向近代经济。

云南近代工业的开端一般认为是1884年由云贵总督岑毓英开办的云南机械局。从三口岸通商到辛亥革命前后，在革命活动与发展工商业思想的影响下，逐渐形成了有利于工商业发展的舆论氛围。云南一些商号、地主、作坊主、官僚，感受到国家衰落与国外近代工业生产力的强烈对比，掀起了一股投资办厂的热潮，民办工业一时间风生水起。从通商后至20世纪30年代初期，云南轻工业包括了火柴、卷烟、纺织、印刷、制革、食品加工、机械、造纸等部门。虽然规模有限，“所设各工厂中机械，多者十余架，少者数架，强半助以手工。至市内工厂，合计约50余所，职工不过二三千人。”[②] 由

① 吴承明：《中国现代化：市场与社会》，生活·读书·新知三联书店2001年版，第26页。

② 张维翰修，童振藻纂：《昆明市志》，昆明市政公所总务课排印1924年版，第100页。

于投入相对低，加上省内市场对轻工业品需求旺盛，因而吸引了很多传统商号投资于轻工业中，如1908年永昌祥在下关开办茶厂，各商号开始纷纷效仿，下关便涌现出了十多家茶厂，旺季雇用工人达五六千。[①] 1917年商人王怀庭于下关创办济兴火柴厂，产玉龙牌火柴。1921年商人张南溟在腾越创立腾越火柴厂，资本四万余，销路较好。[②] 这样，蕴藏在民间的商业资本力量也得以释放，促进云南走上了近代工业发展道路。

随着开埠通商的发展，云南口岸城市逐渐纳入了世界范围内的分工体系，地域分工成为口岸城市发展的重要推动力，所以从社会分工的发展来看，不仅云南口岸城市甚至云南相当一部分地区都卷入了世界范围内的分工体系，一定程度上顺应了社会发展规律。

三、“中心—外围”理论下云南口岸与经济发展分析

普雷维什（Raúl Prebisch）较早提出“中心”与“外围”之空间关系理论（Core-Periphery）。作为发展经济学领域具有里程碑意义的理论创新，该理论一经提出便受到学界的广泛重视，并成为解释发展中国家经济落后的普遍理论。依据该理论，“中心”与“外围”之间的关系大致分为两个阶段。第一个阶段，是“外围”支援“中心”的阶段，即大量生产要素流向“中心”，“外围”日益沦落为“中心”的附属，导致了“中心”日益发展，“外围”逐渐衰落

① 梁冠凡等：《下关工商业调查报告》，载《中国少数民族社会历史调查资料丛刊》修订编辑委员会编《白族社会历史调查》（一），民族出版社2009年版，第137—138页。

② 张绍良、李典章：《滇西火柴工业简史》，载中国人民政治协商会议云南省委员会文史资料研究委员会编《云南文史资料选辑》第18辑，云南人民出版社1983年版，第130页。

之态势。就世界范围内来看，这一阶段大致从资本主义制度的确立到 20 世纪七八十年代。第二个阶段，是“中心”反哺“外围”的阶段，即随着“中心”生产成本的上升，相关产业逐渐向“外围”转移，从而带来生产要素的反向流动，这一阶段大致从 20 世纪七八十年代到现在。

云南近代三个通商口岸的设立时期是属于该理论的第一阶段。通商口岸的设立加剧了贫富分化，促进了世界的两极化发展。这个可以从以下两个层面来予以解释。

第一个层面，半殖民地半封建国家设立的通商口岸与帝国主义国家的关系上，帝国主义国家属于“中心”，他们所设立通商口岸属于“外围”，所以通商口岸是完全服务于帝国主义国家掠夺原材料和倾销商品所需。在一定程度上，帝国主义国家的经济发展是建立在牺牲分布在世界各地无数个通商口岸发展基础之上的。第二个层面，通商口岸与其周边地区的关系上，通商口岸属于“中心”，其周边地区属于“外围”，周边地区的资源像血液一样源源不断地供向通商口岸，在一定程度上，是无数个乡村与城市的牺牲“大我”换来了通商口岸繁荣的“小我”。云南民间向来以纺纱织布作为农村家庭主要经济收入，随着开埠通商，大量棉布来自海外，对云南农村经济打击很大。当时，通商口岸在外力的作用下脱离了原有的经济体系，制度障碍得以消除，促进生产要素更加自由流动，导致了城市人口增长、规模扩大、财富积累，但是归根结底通商口岸的一时发展繁荣是建立在广大农村腹地长期贫困基础之上的。

从“中心”与“外围”的第一个层面含义来看，近代化与经济全球化核心的推动力来自西欧（最早来自英国），工业革命促使专业化的商品生产高速发展，要维持这种生产方式就需要足够多的廉价的原材料和足够充足的市场来倾销商品。扩张就成为先发达国家近代化持续的必然要求，于是列强纷纷通过不平等条约来掠夺他国经济资源，进行经济侵略。从1889年蒙自开关到1911年，云南三通商口岸出口总值为6635余万海关两，进口总值9005余万海关两，入超达2370万海关两。① 究其原因，即是前文所述西方大量压低云南出口农产品和原材料价格、抬升进口工业用品价格的结果。就全球范围内来看，三口岸开埠通商以后，云南成为全球产业链的末端，所生产和出口的商品大都是低附加值的，以服务列强的产业发展需求为目的，"外向性"发展的结果即是本省完整的经济体系难以建立，经济呈较强的依附性。西方列强设立通商口岸的初衷是服从于列强侵略与掠夺目的的本质，并不希望口岸城市真正完成近代化，而是永久性地充当中心与外围的缓冲地带，更不希望云南根据自身的需要发展近代工业，以实现继续占有云南市场，为其进一步扩大对内地的资源掠夺和商品倾销服务。

从"中心"与"外围"的第二个层面含义来看，西方列强设置通商口岸的实际效果并没有带来口岸周边地区的繁荣。此三口岸城市仿佛是西方列强在云南的飞地，与西方列强的联系超过了与周边区域的联系。云南三口岸通商以来，在洋货的冲击下，使得本来就弱小的农村手工业受到沉重打击，土货逐渐被洋货所排挤，外来商品逐渐充斥云南市场，民生凋敝，并影响到地方财政收入。

---

① 龙云等编，牛鸿斌等点校：《新纂云南通志》，云南人民出版社2007年版，第108页。

依据“中心—外围”理论分析近代云南经济发展，囿于服务于西方列强发展的需要，云南的经济发展可以从两个方面予以解释。一是云南经济发展要服务于西方产业链发展需求，即使为了“配合”发达国家产业链的发展需要，可以在一定程度上发展产业，那也是服从于西方最大限度地从云南获取利益为目的的，不可能实现完全自主发展；二是云南自身产业结构不完善，主要发展的是工矿业，产业结构不完整导致了对世界产业的依赖程度加大，经济发展的自主性不足。

第三节　云南三通商口岸的作用分析

云南省地处西部边疆地区，在传统经济体系下长期以来处于边缘地带，尽管云南省有丰富的矿藏资源，长期以来是重要的银矿、铜矿开采地，但是受到传统经济的制约，仍旧发展缓慢。三口岸通商之后，云南面向东南亚的大门打开，局部交通条件大为改善，原本处于边缘的地理位置变成了连接内地和东南亚市场的重要桥梁，对外贸易发展迅速。三口岸通商带来了大量的西方工业制成品，并加速了云南大锡的输出，客观上瓦解了自然经济，促进了经济发展与近代化。云南的特殊地理位置使得云南与沿海沿江的通商口岸有不同之处：不仅面对东南亚各国，还面对背后西方列强，并绕道越南和中国香港与内地进行商品贸易，形成了对外贸易与对内贸易相互紧密联系的格局，是西南地区重要的贸易中枢。云南对外贸易的历史是中国近代陆地口岸和边疆民族地区对外贸易中的典型，对其进行探究意义极大。

一、云南省对外贸易与对内贸易的差异

（一）云南省对外贸易发展概况

从19世纪90年代到20世纪30年代末之间的四十多年里，云南三口岸的对外贸易取得了迅速的发展。从贸易商品的种类和数量分布看，进口货物中棉纱、棉花最多，达40%以上，而煤油、烟草位居第二，其他的还有海产品、纸张、干果等。出口方面，大锡最多，占总量的80%以上，其他的还有牛羊皮、药材、猪鬃、茶叶、火腿等。云南出口商品以大锡为主，特别是蒙自口岸开通以后，大锡的出口量与日俱增，至1911年，每年达102466担。云南大锡出口主要面向英国，其价格受到伦敦金属交易所价格及第一次世界大战的影响。云南大锡出口占全国出口很大比例，最低为66.67%，最高为93.81%。从1889年到1911年的22年间，蒙自、思茅、腾越三口岸对外贸易总额累计达1.546亿两，其中输出为0.6635亿两，输入为0.9005亿两。

三通商口岸在对外贸易中起到了积极的作用。蒙自居于滇越铁路要冲，并且与锡都个旧毗邻，占据三关贸易总额的80%，为1.368亿两。腾越口岸在对外贸易中仅次于蒙自，且位于南方丝绸之路要冲，主要面对缅甸。腾越工商业发达，是德宏缅北一带的商业中心、金融中心和工业加工中心。根据1937年的统计，当时腾越人口30多万，城内有商座100户以上，摊贩800多户，当时的中央银行、中国银行和实业银行这些全国性的银行都在腾越设有支行，腾越当时在滇西的金融地位可见一斑，且有“小上海”美誉。腾越口岸进出口

商品的交货口岸和到货口岸多至五大洲的30个国家和地区，是罕见的陆路国际贸易口岸，在1942年遭中日腾冲之战被毁坏之前，一直兴盛不衰。相比之下，思茅口岸由于瘴疠流行，人口较少，交通不便，在三口岸中的贸易额最少。

（二）云南省经济发展及对国内省份贸易概况

云南省位于祖国的边陲，在1840—1949年这段时间里，云南的经济发展和省际贸易经历了跌宕起伏的变迁。云南的省际贸易与云南、全国，甚至全世界的政治、军事、经济形势密切相联系，既受到各方面因素的影响，也在自身发展中深刻地反映了那个时代的特点。

云南省在古代就与周边的贵州、广西、四川、西藏等省份，以及中原地区都有省际贸易历史，云南的茶叶、烟土等遍布各地。在1840年之后，沿海相关口岸相继开放，对外贸易迅速发展起来，云南却在这段时间里经历了二十多年的战乱，社会经济发展受到重创，商业贸易亦停滞。光绪初年，战乱平息，社会经济发展得以稳定和恢复，省际贸易逐渐复苏。当时，大理下关府为滇西的贸易中心，往来商人不仅有腾越、丽江、临安的，还有四川、广西、西藏等地的，各色商品云集，琳琅满目。《云南全省财政说明书》载："云南每年抽收来自外省货物的厘金为：川盐、川烟、川绸三万余两，粤盐一万五千余两，苏杭绸二万余两。"① 1904年，从广东输往云南的

① 云南省清理财政局编：《云南全省财政说明书》，清宣统二年（1910）经济学会铅印本。

烟丝一万担以上，货物价值约为三十万关平两。[①] 按百抽五的税率值计算，以上入滇货物的价值超过160万两。可见，云南与四川、广东和浙江的贸易已有相当规模。清朝末期，云南全省年厘金收入达32.42万两白银，仅昭通府盐井渡分局就有10万两，其他省际地区则共计有17.24万两，[②] 占全省厘金的53.18%，按百抽五的税率算，贸易货价值在344.8万两左右。上述厘局都位于云南省与各省边境地区，其贸易额能够大致反映出当时云南与各省贸易的大小。

在清末民初的这段时间里，各省入滇的商品以日常生活用品为主，也包括奢侈品和工业制成品，主要有食盐、生丝、烟酒、棉麻、绸缎、呢绒、毡毯、服装、珠宝、钟表等。[③] 在这短暂的稳定期内，云南省经济和社会得以恢复和发展，对内贸易种类增加，范围扩大，呈现出欣欣向荣的景象。然而，民国初年，滇、川、黔军阀之间的混战给刚刚恢复的经济和贸易带来了巨大的影响。一是军队作战需要调用大量的马匹，导致民间的贸易无马可用。二是军队大量调往战区，驻军减少，治安状况恶化，匪盗横行，即使有兵保护，商旅也屡遭劫掠，对往来商贸造成严重危害。三是战乱导致银根吃紧，富滇银行开始滥发纸币，商贸受影响较大。不论是对外贸易还是对内贸易在这段时间内都因交通、治安和金融问题受到了极大的破坏，而战事主要发生在川、黔一带，对云南省际贸易的影响更为巨大。

---

① 《光绪三十年通商各关华洋贸易总册·光绪三十年蒙自口华洋贸易论略》，载茅家琦、黄胜强、马振犊主编《中国旧海关史料（1859—1948）》第40册，京华出版社2001年版。

② 云南省清理财政局编：《云南全省财政说明书》，清宣统二年（1910）经济学会铅印本。

③ 《云南通省厘税章程》，《云南实业公报》1922年第8—9期。

全面抗战爆发之后，沿海地区陆续失守，国民政府迁都重庆，中国的经济重心开始向西南转移，大量工商企业随着政府内迁至四川、云南、贵州。同时，资本、人力、技术、设备等要素也大量流入云南，使云南进入一个工业生产和商业贸易的高潮期，工业发展尤为突出，在国统区的西南八个工业中心中云南排到第三位，客观上促进了云南的近代化历程。作为全国抗战的大后方，云南不仅承担着战略物资生产的重任，同时也担负着战略物资运输的重任，在军事和民间需求的拉动下，云南对内贸易迅速发展起来。

战争爆发对云南省际贸易的贸易对象、贸易商品种类和数量都产生了较大的影响。外省输入云南的大宗货物没有发生大的变化，但货源发生了变化。战争前，棉货来源主要是上海，此外还有北方和沿海的一些城市。战争期间，北平、天津货物完全断绝，上海货物增加至八成左右。经过昆明出口的药材、皮毛、桐油、猪鬃等商品又大部分来自四川和贵州，如牛皮多由四川省生产，先在重庆集中，然后通过川滇黔公路运往昆明再出口。[①] 全面抗战爆发以前，西方工业国家所需要的猪鬃，几乎全部由中国供应，中国的猪鬃八成销往美国，两成销往西欧。太平洋战争爆发后，由于军需，美国政府把猪鬃列入与军火等同的A类战略物资，并颁布“M51号猪鬃限制法令”。猪鬃作为重要的战略物资在昆明集中后用飞机飞越珠峰运至印度，再转运至美国，可见当时云南在整个第二次世界大战战局中的作用。从出口商品种类看，云南省输向全国的商品中大锡居于首位，其次为药材，再次为茶叶、兽皮等。1937年云南输往全国各

① 张肖梅：《云南经济》，中国国民经济研究所1942年版，第1272—1335页。

地商品价值191万元，而各省进入云南的商品价值为2047万元，输入是输出的10倍有余，可见云南对内贸易为入超，且数额巨大。从贸易对象看，主要对象是上海，其次为四川、贵州和康藏，经过东南方则与两广贸易，都有相当的数量。[①]

（三）对外贸易与对内贸易的差异与联系

近代云南对内贸易与对外贸易在贸易对象、路线、商品货物、要素流动及对近代化影响等方面均有不同，但是二者也存在有机的内在联系，尤其放眼于整个西南地区的国际贸易时，二者在很多方面有着互动和协同发展。

二者的不同之处在于，对内贸易面对的主要是四川、贵州、西藏、广东、广西、上海、浙江等省份。对外贸易，在开埠之前主要是与邻国的互通有无；在开埠之后，不仅面对邻国，还要面对邻国背后的资本主义国家。对内贸易更多体现出贸易双方互惠互利和公平竞争，而与西方列强的对外贸易更多的是受到其工农业剪刀差的压榨，大量资源被廉价购买，云南市场也成为其工业品倾销地。

云南与四川、贵州、西藏的贸易主要是交易农副产品和特产，同时向两广、上海、江浙一带和中原地区输送烟土、茶叶等特产，而上海、浙江、广东、北平、天津进入云南的主要是盐、棉、丝等生活用品。在省际贸易的初始阶段，云南与其他省份的贸易特点主要表现为互通各自优势农副产品。随着近代工业的发展，省际贸易中的土特产品逐渐被工业成品代替，体现了近代化的特征。例如清

---

① 蒋君章：《西南经济地理》，商务印书馆1946年版，第361页。

代云南生产的烟丝较少，不能满足自身需求，需要大量从外省购入，从广东输来的近80%。[①] 随着云南的烟草业发展，外来烟丝才逐渐减少。“本地所出烟丝品类最好，香味俱佳，以致本年（广东）烟丝进口更为减色。”[②] 同时，云南还从美国引进并推广种植优质烟草，使得云南烟叶产量和质量都不断提升，其中以永胜、蒙自、江川、嵩明、玉溪、开远等为主产区。云南烟丝不仅满足自身需求，还大量输出各省。据1946年的调查，云南年产烟丝约284.65万公斤，其中输出107.85万公斤，占烟丝年产总量的37.89%。[③] 云南烟草业在内部市场需求和外部竞争中不断探索发展，不断提升质量，时至今日，烟草业仍旧是云南省的支柱产业之一。

云南与周边国家的对外贸易在开埠前后发生了很大变化。云南自古以来就有与缅、印相连的“南方丝绸之路”，与周边国家的贸易以互通有无为主，互惠互利。在开埠之后，进口商品的种类逐渐由农副产品和特产向工业品转变，而且进口货物数量不断增加，入超越来越大。英法对缅甸、越南的侵占在客观上加速了其近代化过程。在开埠之前，缅甸输往云南的主要货物是棉花，开埠之后主要是棉纱，棉花则居于次要位置，其背后是区域经济结构和经济地理结构的变化，反映了东南亚被迫融入以西方力量为主导的早期经济全球化的历史。在与西方力量主导的对外贸易中，云南出口的手工业品和原材料价格被大大压低，尤其是大锡等矿产资源，而西方列强以

---

① 《光绪十六年蒙自口华洋贸易情形论略》，载茅家琦、黄胜强、马振犊主编《中国旧海关史料》第16册，京华出版社2001年版，第229页。

② 《光绪三十一年蒙自口华洋贸易情形论略》，载茅家琦、黄胜强、马振犊主编《中国旧海关史料》第42册，京华出版社2001年版，第403页。

③ 褚守庄：《云南烟草事业》，新云南丛书社1947年版，第20—23页。

机器生产的工业品则以高价进入云南市场，对云南本土的手工业生产方式造成打压。

虽然云南卷入早期经济全球化是西方力量主导的结果，但是云南在参与早期经济全球化、进行近代化建设和对外贸易方面也显示了自身的力量，不仅在自身近代化建设方面取得成就，也将对外贸易同对内贸易有机结合在一起，推动了西南地区经济发展和促进了国内外商品市场的融合。云南与上海、浙江、广东、广西和北方的贸易由于途经国内路线需要翻越群山，交通极为不便，因而货物通过香港或越南海关再经滇越铁路运往云南。同样，云南很多商品也是通过滇越铁路到越南，经转香港再运往内地各省市。

云南在西部省市中有利的对外贸易位置使得藏、康、川、黔等地的土货特产可以通过云南往来不息的商帮运输至东南亚，起到融通西南市场与东南亚国际市场的作用。四川省从嘉定到重庆一带均为产丝区，尤其盛产黄丝。腾越开关以后，出口最为大宗的就是四川的黄丝。1902年腾越口岸开放以后，当年出口“共估值价银十四万八千三百九十二两，内有四川黄丝四百三十二担，估值价银十万七千九百两，以百分计之，该丝即占七十三分”①。在日本占领缅甸之前，腾越关出口的商品中，四川的黄丝占据主要地位，且数量只增不减。与此同时，来自缅甸、越南、印度的工业品也通过云南进入我国西南地区，如云南与四川之间，洋纱经由腾越输往四川，织

① 《光绪二十八年腾越口华洋贸易情形论略》，载茅家琦、黄胜强、马振犊主编《中国旧海关史料》第40册，京华出版社2001年版。

成布，再销往永北。[①] 云南独特的地理位置及往来其间、穿梭于各省、各邻国之间的商帮，缔造了以云南为桥梁，连接中国西南地区和东南亚的国际贸易圈，其影响范围甚至达到香港、上海和中原地区。同时，云南的对外贸易与对内贸易在受到经济全球化影响的同时，也成了云南经济发展和近代化的推动力量之一，对云南经济发展起了重要作用。

二、通商口岸在云南经济发展中的作用

云南省地处祖国边陲，多山地，多矿藏，地理位置和资源特点致使云南省经济呈现出与中原地区以农业为主所不同的经济格局，云南省长期以来经济格局的特点是农业与矿业并重。例如，清朝乾隆、嘉庆年间，云南省农业税赋为 43.79 万两白银，占税赋总额的 34%，金属矿税赋 31.55 万两白银，占税赋总额的 25%，盐矿 48.08 万两白银，占税赋总额的 37%，商业 5.63 万两白银，占税赋总额的 4%。金属矿和盐矿税赋相加为总额的 62%，接近农业税赋的 2 倍。[②] 铜矿业是云南在清朝年间最受重视，也是最为发达的产业。清朝前期，随着国内商品市场扩大，商品流通需求增加，对货币供给的需求也不断增加，但洋铜的价格却不断上涨。从康熙二十三年（1684）到乾隆五年（1740）的 56 年里，洋铜的价格从每百斤六两五钱上涨至白银十七两五钱，涨幅达 169%。为了降低制造铜币的成本，乾隆初年便开始对云南的铜矿进行大规模开采，以作为铸造铜币的主要

① ［英］李敦著：《考察云南全省播告》，黄文浩译，载于英国议会文书中国卷 1903 年第 3 号，清光绪二十九年。

② 陈庆德：《清代云南矿冶业与民族经济开发》，《中国经济史研究》1994 年第 3 期。

原料。当时，清政府每年以上百万两白银的资本投入对滇铜的开采中，清廷通过制定价格形式收取一半的收益，虽有年矿产量的10%可以作为通商铜，但是对地方经济发展而言仍旧显得微乎其微。云南矿藏丰富，矿业占经济总量六成，但是云南矿业与农业、商业一道仍旧是封建经济体制的一部分，在朝廷税赋和对商业限制的经济政策下，云南区域资本难以积累，难以实现近代化转型。从农业生产看，清廷对云南的农业赋税征收一直在增加，尤其是晚清时期，太平军占领南京后，作为经济核心区的江南一带税赋难以足额征收，于是云南省等边缘地区就成为“替代者”。在清朝的前期和中期，在经济政策的限制下，云南具有地理和经济优势的对外贸易遭到了严重的限制，使云南的商业资本难以积累并形成规模。

1840年鸦片战争爆发和1856年的杜文秀起义，共同导致清廷治理衰减，在很大程度上松动了清廷对云南经济的控制。1889年蒙自开关之后，云南的封建经济才在外部因素和内部因素的共同作用下逐步瓦解。这一时期的云南对外贸易成为区域要素流动的桥梁，也是内外因素交织和发挥作用的重要领域，云南商业资本正是在对内、对外贸易中逐步积累并在云南近代化过程中发挥作用的。

以蒙自口岸为例，开关以前（1889年以前），蒙自城区人口只有几千人左右，到1896年城区人口增加到1.2万人，1904年更是增加到4万多人。1889年蒙自口岸进出口贸易额为18.2万关平两，1890年为110.4万关平两，1891年为153万关平两，并且长期保持增长态势，到1910年达1146万关平两，是1890年开关之初的10.3倍。蒙自口岸进口商品以棉纱、布匹为大宗，棉纱约占57%，出口则以大锡为大宗，约占总额81%。大锡出口量增加很快，之后一直是云南主要的出口商品，其最低占总出口额的66%（1906年），最高占93%（1910年），平均占80%左右。大锡作为重要的工业原料，在西方市场的需求比云南和内地大，也因此成为西方列强谋求的云南财富之一。蒙自开埠以后，东南亚成为大锡销售的主要途径，且销往东南亚的大锡数量基本在大锡总销量的80%左右，直到全面抗战爆发。尽管大锡作为原材料其价格被西方列强大大压低，但不可否认的是，大锡贸易对云南采矿业、交通运输业和商业资本的发展有着巨大的拉动作用，对云南走出传统经济，走向近代经济发挥过重要作用。

云南在晚清时期就形成了腾越帮、鹤庆帮、喜州帮等大大小小的商帮，与其他省份的交往日益频繁，形成了以昆明为中心的传统市场。“云南省际贸易之途径，迤东一带，与川黔交往频繁，而以昭通、曲靖为货物聚散之中心；迤南一带，则与两广、上海交易，以蒙自、个旧为货物聚散之中心，迤西一带与康藏发生交易，以下关、丽江为货物聚散之中心；全省多以昆明为出纳之总枢纽。”① 蒙自开关之后，尤其是滇越铁路通车之后，涌入了大量的洋货，这些洋货大多在云南省内即被消费，说明云南当时的消费水平已经与繁荣的商品经济相适应。云南经济得益于通商以后大量涌入的洋货和资本，“随着铁路铺设，外国商品与外国货币涌了过来，洋行的招牌陆续出现在昆明街头，如广聚街的若利玛洋行、徐壁雅洋行、三市街的郭米纳洋行……”② 各洋行在云南纷纷成立并成功运转，在一定程度上

---

① 龙云等编，牛鸿斌等点校：《新纂云南通志》卷一四四《商业考二》，云南人民出版社2007年版，第108页。

② 李埏：《滇越铁路半世纪》，《云南日报》1957年4月14日。

得益于中国买办商人。随着外贸带来的益处凸显，云南市场也开始以自己的形式主动融入这场近代化变革中，如经济中心昆明就主动开放，于1910年成立了蒙自海关云南省（昆明）分关。

随着商品流动的增加，近代金融业也开始在云南发展起来，1909年大清银行在云南开设分行，成为第一家入驻云南的近代金融机构。此后，银行业便如雨后春笋般在云南发展起来。除了外来银行和新银行的成立以外，一些像兴文当这样的钱庄和票号为了适应时代潮流，也开始主动转为银行等近代金融企业。开埠以前，外省商人在滇占据绝对优势；开关以后，云南本地商帮逐渐兴起，成为商品经济中的主角。本地商业资本不断积累，一些有实力的商帮开始投资于近代工业，为云南的城市化和近代化做出了重要贡献。开关后，传统商帮的数量并没有减少，而是增加，一方面是云南内地和省际运输仍旧需要传统的马帮，另一方面是通过与洋货经销结合也可以壮大自身实力，鹤庆帮就是这样成为清末云南第一大商帮的。可见开埠通商对云南商业的发展有着多么广泛和深刻的影响。

商品市场的繁荣甚至导致滇越铁路的压力过大，多次因运输量过大而破损，这也说明开放较晚和交通不便是阻碍云南商品市场发展的主要原因。在开埠通商以后，商品流动性大大加强。原有限制贸易的枷锁消失以后，大量云南省内商品和四川、贵州、康藏等地的商品通过商帮运输到东南亚各国，同时西方列强在东南亚各国生产的工业品也大量涌入云南，在对云南传统手工业进行打击破坏的同时，也刺激和促进了云南近代工业的形成和发展。以棉纱业为例，原先缅甸向中国贸易的商品以棉花为大宗，但是英国殖民缅甸以后，缅甸棉花以原材料的形式纳入了英国的近代工业中，很少输往云南，取而代之的是将机械化生产的棉纱销向云南。以至于开埠之初，棉纱、棉布的进口在蒙自关占据主要地位，之后数量不断增加，同时价格比土纱低廉，质量比土纱好的洋纱大量涌入云南，极大打击了云南传统的纺纱业。民国时期，云南棉纱的输入不断增加，至1935年蒙自关“进口土货渐取洋货地位而代之，计其价值本年复增三成，沪埠所制棉纱与匹头，进口踊跃，有以致之”①。国内纺纱业的兴起在一定程度上抵制了列强洋纱的倾销，纺纱、印染的技术和机器也逐渐传入云南。经过长期积淀的云南商业资本开始将投资目标转向了纺纱业，云南近代纺纱业就在内外因素共同作用下发展起来。如成立于1940年的裕滇纺织公司和云南纺纱厂，有纱锭三万余，每年生产需消耗棉花十二万担，多来自四川省，产出足够供应云南全省市场。② 从传统生产到洋纱破坏传统生产，再到商业资本积累催生近代纺纱业，云南省的纺纱业体现了通商以后云南近代工业艰苦而又顽强的发展历程。

全面抗战爆发后，日军占领缅甸，缅甸至云南的国际援华运输线被切断，云南对外贸易也在这个时期被中断。随着战局的变化，中国经济重心和工业中心转向西南，企业内迁带来的资金、人力、设备使云南近代化建设进入一个高潮期，云南虽失去了对外开放的机会，但是迎来了对内发展的机遇。抗日战争胜利后，经济重心回迁，云南近代化进程减缓，但是云南已经从清代边远、封闭的山区变成了连接内地和东南亚的桥梁，亦成为国内国际市场的纽带，在

① 《中国海关民国二十四年华洋贸易报告书·蒙自》，载黄胜强、马振犊主编《中国旧海关史料》第120册，京华出版社2001年版。

② 《裕滇纺织公司公告》，《云南实业通讯》第1卷，1940年第1期。

内外因素的交织下，走出了自己近代化的发展道路，体现了自己在近代史中的独特地位和作用。

第四节　云南口岸城市对边疆民族地区社会经济发展的影响

云南在古代一直处于中原文化的边缘地带，直到清朝在云南大规模实施改土归流之后，云南才被逐渐纳入封建王朝体系中。口岸通商对云南经济、社会产生了巨大的影响，如滇越铁路使得交通条件大为改善，带动了商业繁荣和城市人口的发展，“受开埠通商、滇越铁路修通及抗战爆发等因素影响，昆明城市人口持续增长，移民是城市人口增长的主因，人口结构具有籍贯多样性、年龄菱形结构、教育金字塔形、性别比例失衡、职业多元性以及区域分布动态性等特征”①。

一、思想观念

云南虽然在战国时期就已经与中央王朝建立密切联系，成为中央王朝的一部分，如秦统一后便开发西南，在云南开通道路，设置郡县，安排官吏。汉武帝时，在云南设立了益州郡，以便于对云南进行统治。但云南受群山阻遏，交通不便，与内地联系较少，加之少数民族对汉文化接受程度低，因此自古云南就处于中原文化边缘。

① 王明东：《近代昆明城市人口的变动及影响探析》，《云南师范大学学报》（哲学社会科学版）2022年第6期。

云南在唐宋时期开始实行土司制度，由少数民族首领世袭来实现对本地区的统治，朝廷的敕诏与政策在云南难以发挥作用。

元朝对云南实行与其他地区一样的行省制度，并将行政中心由大理转向了昆明，云南之于中原王朝的“半独立”状况基本结束，纳入了封建经济和政治体系中。元朝时期，大量蒙古人、契丹人、色目人和汉人被迁入云南，在一定程度上加强了云南与中原的联系，促进了云南各民族的交融与发展。元朝还在云南大力推行儒学教育，在丽江、大理、临安、仁德等地设立学舍，各州县亦设学舍，有力地促进了中原文化在滇的传播，推动了云南思想文化融入中原社会。

通商以后，云南民众的思想观念转变表现在两个方面，一是对世界的认识，二是对自身的认识。尤其是滇越铁路修通以后，民众的思想观念转变较快。滇越铁路的修通源源不断地输入了西方的工业品、文化、价值观和宗教，这对当时还处于封闭状态的云南的冲击力是巨大的。云南人民从此开始对世界地理、文化和自身有了新的认识，并开始探索自身的发展道路。云南近代名士陈荣昌就非常重视通商开放和铁路修建，对铁路发出感慨：“如今即不能不用外人，安可不速遣学生出洋，以从事于铁路之学也。”① 他成立了铁路公司，虽然最终没有能够动工修建铁路，但是在提倡科学、启迪民智的思想观念等方面影响深远。

围绕着交通运输的发展，以测绘工程学、机械工程学、土木工程学、铁道工程学等实用型为主的云南近代教育事业发展加快，呈现出以服务社会需求为导向的特点。1902 年云南首次派出 10 名官费

① 陈荣昌：《乙巳东游日记》，云南同乡会事务所 1906 年，第 72—73 页。

留学生到日本学习，清末共有258人留学国外。1906年，昆明高校就开始聘请日本教师教授自然科学。至1910年，云南共开办学堂949所，有学生57808人，办学经费655463银圆。[①] 1912年至1938年短短二十多年的时间里，受高等教育人数达2575人，其中国外就读238人，省外就读者350人。从学科专业分类看，就读人数较多者为法学（政治、法律、经济）、工学、文学和理学；较少者为医学、农学、音乐、教育、体育、商学和艺术。[②] 口岸通商后，云南人的眼界逐渐突破崇山峻岭的地理阻隔与皇权思想的意识形态束缚，而是开眼看世界，拥有了全球观念。自通商之后到民国时期遗留下来的就有《云南与国防》《云南省经济问题》《昆明近世社会变迁志略》《云南人文地理》等涉及社会、经济、政治各个方面的书刊几十种。

随着口岸城市进一步开放，云南居民生产生活等方面也在发生细微的变化。封建皇权统治下的道德、秩序和习惯都难以继续维持社会稳定，大锡的规模化开采、鸦片的大面积种植逐步瓦解了原有的以农业为基础的经济结构。洋火油、洋纱、洋布等近代工业品的大量输入瓦解了传统手工业，改变了人们的生活习惯和对外来商品的看法。近代公共设施建设发展改变了人们的生活方式和思维习惯，近代科学技术及政治、经济、文化思想加速传播，新的市民观念逐渐形成。

1910年，云南邮政总局与滇越铁路公司合作，开通了火车运送

---

① 云南省地方志编纂委员会编：《云南省志》卷六〇《教育志》，云南人民出版社1995年版，第14—15页。

② 云南省志编纂委员会办公室编：《续云南通志长编》（中），云南省志编纂委员会办公室1985年版，第839页。

邮件的业务，成为云南放眼看世界最主要的窗口。“信袋免收运费，邮件（指邮运包裹）接延吨每公里核收运费，享受递远递减优待。”[①] 滇越铁路不属清政府管理，因而寄送的邮件可以躲避清政府的检查。国内外的革命刊物和革命思想借道铁路输往云南，为新思想在云南的传播提供了极大的便利。对外窗口的打开促使云南突破了地理封闭性与文化边陲性，重构边疆话语权，云南不再是经济、文化落后的边缘地区。

二、交通运输

云南位于祖国西南部，属于边疆省份，山区多，山大而陡峭，海拔起伏变化大，河流水流湍急，交通条件极为不便，成为制约云南省内市场发展的重要因素。云南多山的地形决定了长期以来该地与周边地区的贸易往来只能依靠人背马驮，行走于群山间，发展商贸和促进区域市场发展极为困难。

云南虽然在古代就有与东南亚各国边民互市的传统，但是受制于交通因素，贸易发展缓慢。在铁路修通以前，云南的对外贸易只能以运输单位体积小、价值高的奢侈品和特产为主，日常用品的贸易难以普及。由于贸易要行走于崇山峻岭之间，跨域河流险滩，昆明之边境的线路往往是直线距离的二三倍，昆明至腾冲单程就需25—33日，昆明至思茅的行程为649.9公里，单程需要19日，昆明至南下车里（景洪）891.8公里，单程需要25日。昆明经蒙自到越

① 汪邦伦：《滇越铁路滇段接管前后工作推进》，云南省档案馆藏档案，档案号27-1-187，第92页。

南老街线路途最短，也需17—19天，昆明至越南海防需30天。① 昆明到广西北海一线也是云南对外重要的商路，从昆明至北海，单程总计59天，若往返一趟则需4个月。可见云南商路的漫长与艰辛。

口岸通商以后，为了更加纵深地控制云南市场，掠夺云南矿产资源，法国主导修建了滇越铁路，客观上使得云南的陆路交通得以改善。1885年中法战争之后，法国取得了云南修筑铁路权。1901年，法属印度支那总督在与东方汇理银行等几家银行签订了《海防云南府铁路合同》和《海防云南府铁路承揽簿》，成立了滇越铁路公司。以耗资1.6545亿法郎、历时8年、付出12000多生命为代价，滇越铁路最终修成。滇越铁路的修建使西方列强染指云南成为可能，“项庄舞剑意在沛公”，其深层目的在于从云南深入四川，直入中原地区。全面抗战期间，云南通道作用的发挥也证明了云南具有不可替代的优势和地位，也是云南今日发展需要的必要历史借鉴。

滇越铁路通车以后，云南到东南亚的交通时间大幅缩短，从昆明到河内仅需5天，所耗时间为原来的四分之一，滇越铁路成为云南通向东南亚、西南地区走向国际市场最为便捷的通道。时间上的节省只是一个方面，现代工业文明的运用使得货运能力大幅提升。通车之初，年均货运量在10万吨左右，1930年即达47.29万吨，1937年达到50万吨。② 滇越铁路对云南对外贸易、省内商品流动影响很大，使得居民出行变得更加便捷。滇越铁路的运行改变了云南千百

---

① 云南省志编纂委员会办公室编：《续云南通志长编》（中），云南省志编纂委员会办公室1985年版，第1043—1045页。

② 云南省志编纂委员会办公室编：《续云南通志长编》（中），云南省志编纂委员会办公室1985年版，第1013页。

年来的传统交通方式，促进了云南的发展。1911 年到 1913 年的三年里，云南省进出口总额达 5872.41 万关平两，比通车前三年净增长 2243.49 万关平两，增长了 61.8%。蒙自进出口增长速度最快，并直接促使了昆明至广西北海的一线商路日渐衰落，该线商贸自“1889 年蒙自开关后逐渐衰落……滇越铁路通车后，进出口贸易额又进一步减少。”①

口岸通商和滇越铁路的修建虽未能全面提升云南的交通水平，但纲举目张，大动脉的贯通使昆明至滇南、滇西南一带的交通改善巨大，直接引起了云南对外贸易进口由棉纱、烟丝、煤油、纸张等向汽车、机械设备、机械零件、水泥等工业原材料和工业制成品扩展，出口逐渐从农副产品和初级工业品向初、精加工产品过渡。滇越铁路以外在力量的形式推动了云南的近代化发展，使云南较早融入早期经济全球化浪潮中。

三、经济发展

从某种程度上而言，口岸城市是联系传统社会和近代工业社会的纽带，所以不管通商口岸设立的初衷如何，客观上是具有促进经济发展的一面的，“在中心与外围之间设置一些过渡地带或者缓冲地带就成为历史的必然，这样通商口岸就应运而生了……在外来商品的大规模侵蚀之下，云南各少数民族逐渐改变了传统的生产生活方

① 《云南进出口贸易》，载中国人民政治协商会议云南省委员会文史资料委员会等编《云南文史资料选辑》第 42 辑，云南人民出版社 1993 年版，第 7 页。

式，日益卷入到资本主义的生产体系当中。”①

在外部势力影响云南经济社会发展之前，云南同其他边疆地区一样，属于传统经济体系的边缘地带。传统上，云南经济最具优势的地方在于铜矿和银矿，也因此成为清朝重要的铜矿产区，资源的国有使得经济收益大部分归属中央政府，并未给云南经济发展带来太多的影响，清朝时期官办性质的云南矿产开采没有大规模运用机械设备，技术进步方面也难以涉及。

通商之前，云南手工业以本地和四川等周边地区的原材料为主，进行自给自足的生产；通商之后，洋纱、洋靛、洋布、洋烟、洋油等各种日用商品开始充斥于各地市场，对云南的土靛、油料、棉花等种植业造成了严重冲击，对传统经济造成严重破坏。如迤南是云南传统的棉花产区，迤南妇女善于纺织，可以不需要进口外来棉布就能满足自身需求。在通商以后，洋纱、洋布的倾销使得她们“渐有改而之他，另图别业者”②。

1884 年开始创办的云南机械局，是云南进入近代的标志。该机械局在 1891 年和 1908 年两次扩建，新盖厂房，购置了国外进口机器，能够制造单响毛瑟枪、小型克虏伯炮及子弹、炮弹，开云南近代工业之先河。1887 年清政府筹建招商矿务公司，1886 年开办电报局，1901 年开办邮政局，1905 年开办了云南造币厂，1908 年开办了陆军制革厂，这些企业均得到国家或地方财政的支持，资本雄厚，机械设备充足，规模较大，对社会经济进步推动作用明显，是云南

① 肖建乐：《近代云南通商口岸研究》，《云南民族大学学报》（哲学社会科学版）2012 年第 5 期。

② 由云龙：《滇录》，云南省教育会 1933 年版，第 169 页。

近代工业体系中重要的组成部分。陆军制革厂大量雇用工人进行生产，消耗大量牛皮，在完成官方生产任务之后，也会将剩余产品平价销售给市民，电报局和邮政局后来则直接地服务于市民。

口岸通商，铁路大大改善局部交通状况，洋货大量涌入，外资进入，云南原有各自为政的小规模地方市场被打破，受到区域甚至全球市场的影响。人民生产生活方式也随之改变，种植业、手工业、近代工业都面临着东南亚和背后西方列强近代化生产方式的竞争压力，区域间要素流动前所未有地扩大，如四川的劳动力到云南务工，缅甸和印度的棉纱在云南加工，商号积累的商业资本开始投资于矿业、纺织业，等等。在辛亥革命前后，受到革命活动与发展工商业思想的影响，逐渐形成了有利于工商业发展的舆论氛围，政府也颁布了一系列有助于工商业发展的政策法规。在抵制外货和兴利保权的浪潮中，云南一些商号、地主、作坊主、官僚，感受到近代工业带来丰厚的利润，掀起了一股投资办厂的热潮，民办工业一时间风起云涌。此时期云南的工业发展主要包括以下几类，依靠资源的矿产冶炼、电力部门，以及与手工业联系密切的轻工业。

矿冶业投入成本大，风险高，近代以来主要是官方资本投入。直到口岸通商之后，民营资本才涉及矿冶业，如广东商人在 1909 年创办宝兴公司，购进了抽水、采矿、洗选等机器设备。总体而言，机械化生产的发展在当时的云南还是很缓慢的。1913 年兴办了东川矿业公司，1927 年的明良煤矿公司、1933 年的云南炼锡公司纷纷建立，但是现代技术运用不足，土洋结合特征明显。与矿业发展缓慢形成鲜明对比的是，与群众生活联系紧密的轻工业全面发展。从通商后至 20 世纪 30 年代初期，云南轻工业涵盖了火柴、卷烟、纺织、印刷、制革、食品加工、机械、造纸等部门，机械运用率增加，形成了机械运用为主、手工为辅的发展局面，“所设各工厂中机械，多者十余架，少者数架，强半助以手工。至市内工厂，合计约50余所，职工不过二三千人。”① 由于省内市场对轻工业品需求旺盛，低资本有机构成带来的高利润回报，使得大量民间资本投身到轻工业中，“以末致财、用本守之”的传统得以改变。

从1884年到1936年的52年是云南近代工业发展的黄金期，民间商号长期积累起来的商业资本除了投资于地产等传统领域外，还大量投入到近代工业中。口岸通商、铁路建设、辛亥革命从交通、制度、文化等方面对云南近代化产生了巨大影响，蕴藏在民间的商业资本力量也得以释放，云南发展尽管步履维艰，但云南经济还是较早走上了近代化发展道路。

口岸通商瓦解了传统的小农经济，创造了新的商品需求，催生了近代工业。口岸通商对于云南经济结构与经济发展的影响和作用在于，使云南从自身半封闭的经济圈里走出，解放了生产力，释放了被抑制的商业资本、增强了要素流动，为云南近代化发展创造了历史机遇。云南人民的观念改变和现代制度文化的形成，为近代工业发展提供了必要的制度和文化保障。

四、人民生活

通商与开放改变了云南人的生活习惯，如就医、就业、时空观

---

① 张维翰修，童振藻纂：《昆明市志》，昆明市政公所总务课排印1924年版，第100页。

念、地理观念等，近代科学、民主的思想渐渐深入人心。

西方医学在通商之前的云南已开始传播，滇越铁路开通之后，更是加快了其普及的步伐。通商之前，云南虽有西医诊所，但主要服务于外国传教士、商人等，在通商开放以后，逐渐扩大为面向广大普通群众，其影响已经深入普通百姓的生活之中。蒙自法国医院起初只接收外国人，在1916年以后开始接收中国普通百姓，年接收住院人数超过三千人次，门诊量超过六万人次。[①] 1920年，香港出资的惠滇医院在金碧路成立。西医已经在民间大面积普及。西医与传统医学相比较，最具优势的还数接生方面。妇产科曾是惠滇医院三大主力科室和招牌之一，该院1947年全年完成接生1516例，在一定程度上改变了民众的生育习惯。

铁路的修建使铁路沿线的城市发展迅速，促进了蒙自、个旧、昆明等城市面积增加和人口增长，带动了商品经济繁荣。城市兴起对各类人才和劳动力有了新的需求，许多农民改变了原有的劳作方式，转而到城市的码头、车站、口岸等谋生，带动了工人阶级队伍的发展壮大，促进了云南近代的城市化发展。清末民初，海关招新关员很重视学历和才能，特别是英文、法语等外语水平，员工入岗后，还要进行业务实习与培训。[②] 碧色寨原来只有几户人，滇越铁路开通之后，“极盛时，全镇人口约2000人”[③]。

为了服务于铁路建设和法属企业、洋行，一些学堂或学校也应

① 李建恩：《民国时期昆明的医院》，载中国人民政治协商会议昆明市委员会文史委编《昆明文史资料选辑》第22辑，云南人民出版社1994年版，第189页。

② 云南省地方志编纂委员会编：《云南省志》卷三二《海关志》，云南人民出版社1996年版，第57页。

③ 蒙自县志编纂委员会编：《蒙自县志》，中华书局1995年版，第573页。

运而生，有力促进了当地居民就业观的转变。如光绪二十七年（1901），法国人于昆明开办了中法学校，其培养目的在于为法国在滇机构和滇越铁路公司提供中国职员。滇越铁路开通之后，很多站长、站务司事都系该校毕业生。[①] 1906年，法国领事馆与蒙自地方政府共同创办了中法学堂，设国语、法语、历史、算术、地理等课程，该学堂修建的目的是为了服务于铁路修建和管理，培养勘测、修筑、管理和翻译人才。[②]“（滇越）全路共有三千六百职员和工人；工人有三千多人，在六百多职员中有119个高级职员全是法国人。在云南境内的中级职员（如站长、查票生等），有些是中国人”[③]，至“五四前夕，昆明约有工人一万人左右（包括工厂工人、铁路工人、店员搬运工人）”[④]。可见，随着口岸通商，云南从事非农业的劳动人口增加，工人阶级队伍壮大，技术工人和理工类的知识分子不断积累，对云南近代化发展起了很大促进作用。

云南近代口岸城市发展，是云南区位优势凸显的结果。近代云南的蒙自、腾越、思茅等地相继开埠通商，在一定程度上促进了云南经济社会发展和近代化转型。全面抗战爆发以后，云南成为祖国的大后方，充分利用其有利的区位优势，进行大通道建设。通过南亚、东南亚源源不断地输送抗日物资，为抗日战争的最终胜利奠定了基础。

---

① 孔庆福：《建国前云南铁路系统兴办教育情况》，载昆明市盘龙区政协文史资料委员会编《盘龙文史资料》第6辑，云南省昆明市盘龙区政协委员会文史资料委员会1991年版，第72–80页。

② 蒙自县志编纂委员会编：《蒙自县志》，中华书局1995年版，第839页。

③ 郭垣：《云南省经济问题》，正中书局1939年版，第250页。

④ 马曜：《云南简史》，云南人民出版社1983年版，第259页。

第六章　云南口岸城市与近代城市经济发展的研究范式

早期经济全球化的实质就是越来越多的处于传统农业社会的国家在外力的作用下加入以西方主要国家为核心的资本主义生产体系中，生产要素打破国界流动，分工国际化日益凸显。在早期经济全球化进程中，游走于国际的列强资本就具有了追求利润最大化与保持帝国主义侵略本性的双重目的。在市场等价交换背后是工农业剪刀差、信息不对称、垄断的机械化生产对抗分散的手工业的不平等。近代化的本质是“以矿物能为能源基础的经济”对“有机经济”替换，要实现“以矿物能为能源基础的经济”的持续的发展和扩张就必须有充足的、低廉的原材料和足够广阔的空间以吸纳矿物燃烧和工业生产带来的环境污染。因此，扩张、侵略成为英国、法国、德国等率先进入近代社会的国家经济发展的本质需求，它们需要其他国家或地区的矿产、消费市场，需要全世界的环境容量和净化能力。

英国之外，几乎其他任何一个国家的近代化进程都是外因和内因共同作用的结果，本书通过对云南三通商口岸发展的外因、内因分析来进一步研究近代经济发展中西方因素和中国传统因素的各自比重，兼论中国近代城市发展的动力。

第一节　云南三通商口岸发展动力分析

一、外因

影响云南三通商口岸经济发展的外因中居于首要地位的是资本。资本缺乏是后发地区经济发展受到制约最主要的因素，资本的性质、流向也决定了不同要素的配置、使用情况，决定了该地区的经济发展走向及经济发展是否平衡等问题。由于列强输入云南的资本以商业资本为主，主要目的是掠夺云南财富，因而列强的近代工业技术在云南输入较少，并大力修建铁路，推广其价值观、生活方式和思想观念以使云南迎合其商品倾销，从而开拓云南市场。可以说，资本的性质决定了其他要素和思想观念、制度文化的性质，并且都服务于其侵略目的。

对云南影响较大的外国资本是英、法资本，其特点是既追求利益最大化又服务于列强的侵略活动，通过工农业剪刀差、技术垄断等赚取高额利润。因此，其对三通商口岸的作用，一方面促进了新产业的兴起和产业结构变化，缓解了资金不足的问题；另一方面则因其列强性质而阻碍了云南各产业的协调发展。1889 年蒙自通商后，云南对外贸易发展迅速，大量工业品的涌入导致了入超。列强对云南商品的输出不断增加，为保证贸易顺利进行，英、法等国纷纷在昆明设立洋行。仅辛亥革命之前，蒙自即有 9 家洋行，在辛亥革命之后、全面抗日战争爆发之前则增至二十余家。滇越铁路通车之后的不到十年时间里，法、英、美、日、德先后在昆明开设了34家洋行，其中法国洋行最多。[①] 列强商品的输出和洋行的建立，加速了云南传统经济的瓦解，对农业生产和手工业生产都产生了巨大的影响，刺激了云南对近代工业的需求，并奠定了外向型经济发展的基础。云南进出口大量入超，进口商品中农副产品减少，工业制成品增加。如缅甸输往云南的商品原先以棉花为主，之后以棉纱为主。从商品结构和区域经济结构考察，呈现出云南经济落后、产业机构低级化倾向，同时也存在对外贸易在区域经济发展中起着重要甚至支柱作用的潜力。外国资本进入云南是伴随着其侵略行径的，其希望开拓云南甚至整个西南市场，但不希望发展本地的工业。由于其输入云南资本以商业资本为主，致使云南积累的资金外流，资本积累更加困难，严重影响了云南产业发展与结构升级。例如，在抗战结束后，美国商品充斥云南市场，但云南自身的工农业却非常萧条。近代西方列强对云南最大的资本输入项目是1901年至1910年间由法国直接出资1.58亿法郎修建的滇越铁路，约占1914年法国在中国总投资的16%，占各列强在中国总投资的1.7%。[②] 法国等列强通过直接资本输出和对滇越铁路的控制来操纵近代云南区域经济发展和产业结构布局，使云南轻工业众多、重工业稀少，机械化程度低，大量人力劳动代替机械生产，产业结构偏向“超轻型”，难以实现向近代经济发展模式转型。

---

① 云南省经济研究所编：《云南近代经济史文集》，经济问题探索杂志社1988年版，第109—112页。

② 汪戎：《近代云南对外经济关系》，《思想战线》1987年第5期。

列强资本输入云南的另一重要形式是金融资本输出。1914年法国东方汇理银行于蒙自设立支行，1915年万国储蓄会于云南设立分会，1918年中法实业银行在云南设立分行，东方汇理银行也在1931年将其昆明的办事处改设成昆明分行。东方汇理银行倚仗背后的法国和自身强大的资金实力，在云南搜集银圆，发行纸币，控制外汇，进而进一步操纵云南外贸，控制云南财政，服务于其商品倾销和原料掠夺。其影响力遍及云南经济社会的方方面面，其行径严重扰乱了云南金融秩序，阻碍了云南金融业的发展。同时，列强的金融资本输出以商业投资为主，导致近代云南经济发展失衡，形成市场需求旺盛与生产不足并存的现象。

除了金融资产和商业投资，外国资本也曾经试图投资于云南的工业，尤其是矿业，以便更加贪婪地掠夺云南矿产资源。1902年，英法合资的“隆兴公司”试图夺取七府矿权，遭到云南人民的强烈反对才未能得逞。此外，西方列强还在云南纷纷开设学校、旅店、餐馆、教堂等，涉及社会生活的方方面面。医院方面如法国甘美医院和英国惠滇医院，学校方面如昆明的中法学校。法国输入云南的工业资本最多时是在滇越铁路修建时期，在滇越铁路修建完成以后，列强对云南的投资下降，特别是工业资本。“偌大一个省城，竟无一家从事生产经营的外资企业，那么商业不振，交通不便的外县，就更难想象了。”① 不难发现，列强资本集中于商贸、金融和交通，缺少生产领域的投资，对云南经济发展造成的不平衡性是极为严重的。一方面是因为资本流向高利润部门的逐利性和云南地区交通条件整

① 汪戎：《近代云南对外经济关系》，《思想战线》1987年第5期。

体落后，经济水平不高；另一方面则是其服务于列强侵略与掠夺目的的本质，其不希望云南发展自己的近代工业，服务于占有和控制云南市场的目的，最终使云南丧失反抗其廉价收购矿产和其他资源的能力，“即便是滇越铁路，也不过是一条商业性的铁路投资，对外资来说没有为工矿业服务的意义。……云南省近代对外经济关系结构处于对外贸易占绝对优势的低层次中，落后于全国”[①]。部分外国资本客观上促进了云南某些产业的发展，但其核心目的仍是发展这些部门以更好地服务于其资本的进一步积累。滇越铁路通车后，“据云南每年收入约6270余万法郎，可得纯利1000万法郎”，而“此或系法公司一面报告，精确与否，不得而知。”[②] 外国列强资本进入云南的目的就是为了掠夺云南的资源和市场，早期经济全球化和世界市场就是列强掠夺他国资源、市场、环境、人力的手段，列强资本得益于列强的不平等条约，列强因其资本的积累而受益，因而近代云南的外部因素更多的是带有掠夺性质的外国列强资本。外国资本在自身逐利的同时，给云南带来了交通、医疗、商业的改善，同时使云南获得发展近代工业的机会，但如果单纯依靠外部力量，是难以实现产业结构合理、经济发展均衡的。外部力量可以在打破传统经济、促进国际贸易、改变观念方面起作用，但是要实现真正发展仍要靠自身力量。

---

① 汪戎：《近代云南对外经济关系》，《思想战线》1987年第5期。

② 庄兴成、吴强、李昆编纂，云南省档案馆红河学院编：《滇越铁路史料汇编》(下)，云南人民出版社2014年版，第90—91页。

二、内因

与全国其他通商地区一样，在云南的近代化中不仅有外部力量的因素，也有自身民族资本、政府力量、社会力量的作用。在通商开放之后，原有传统经济和封建制度瓦解加速，民族资本获得了发展的机遇。社会经济基础的变化和外来思想引入、民族意识的觉醒，使云南在一定程度上抵挡了外部力量的侵入。云南经济社会发展的内部力量与外部力量在生产和经营销售方面存在很多相似之处，但以外国资本为主的外部力量目的是服务于其经济掠夺，而云南民族资本既服务于自身，也在一定程度上服务于云南社会。

随着通商开放，云南原有的商业资本积累更加迅速，除了滇越铁路沿线的交通状况得到极大的改善之外，云南其他地方的交通仍旧主要依靠人力和畜力，马帮仍旧是商品运输的主要承担者。此时的喜州帮、丽江帮、鹤庆帮、腾冲帮、迤东帮、迤南帮等都拥有了雄厚的商业资本，其中滇西民族商业资本总额就达 1.2 亿半开银圆以上，是云南民族商业资本中的代表。云南商业资本的积累属于资本的原始积累，是传统社会向近代工业社会过渡的一个重要因素。[①] 20 世纪初，云南逐渐出现一批近代企业，主要集中于腾越、蒙自、思茅、昆明、下关、大理等商业发达的城镇，如永昌祥于 1908 年在下关开办的第一家茶厂是较早的近代企业。到了 20 世纪 20 年代，通商口岸开放带来大量洋货，市场结构随之改变，原有手工业受到严重

① 杨煜达：《滇西民族商业资本的转化与近代云南社会》，《云南社会科学》2001 年第 4 期。

打击，一些较有实力的商号开始投资于近代轻工业中，如腾越、蒙自、思茅、昆明、大理、下关等地开始出现肥皂厂、火柴厂、制革厂、茶厂等，甚至还有人于四川投资设立生丝厂，其规模很大，产品主要出口国外。到20世纪三四十年代，纺织厂、碾米厂、电厂等机器化程度更高的工业开始出现，其中大部分仍旧是由原先的商业资本转变而来。

云南商业资本向工业资本转变主要有如下特征：第一，主要集中于火柴、肥皂、纺织、制革、茶叶等轻工业上，而且机械化程度不高，投资规模小，企业分散，资本有机构成低，大量的手工与机械工作并存，与原先的手工作坊有着很多共同之处。如1908年永昌祥在下关开办茶厂，各商号开始纷纷效仿，下关便涌现出了十多家茶厂，旺季雇用工人达五六千。[①] 1917年商人王怀庭于下关创办济兴火柴厂，产玉龙牌火柴。1921年商人张南溟于回腾越创立腾越火柴厂，资本四万余，销路较好。之后陆续出现的七八家火柴厂，规模和资本都不大。[②] 四川生丝是销往缅甸的大宗商品。1918年，福春恒在四川嘉定开设缫丝厂以同日本洋丝竞争，主产1磅装的狮球牌洋纺，销路较佳。之后，在四川扩大投资，建立了18个可雇用工人六千余人、年产量5000箱的丝厂。云南各商号也随之在滇西等地建立

---

① 《中国少数民族社会历史调查资料丛刊》修订编辑委员会编：《白族社会历史调查》（一），民族出版社2009年版，第167页。

② 张绍良、李典章：《滇西火柴工业简史》，载中国人民政治协商会议云南省委员会文史资料研究委员会编《云南文史资料选辑》第18辑，云南人民出版社1983年版，第129—131页。

丝厂，甚至后来福春恒还到山东博山设厂，用机器缫丝，销往缅甸。[①] 第二，商业资本流向产业资本的形式多样，机械工业、手工业和买办制度同时存在。其中，工场手工业占据主要地位，因为其机械投入少，资本投入低，风险小，劳动工人也容易聘用，其产品在市场上也有竞争力。如解丝、茶叶加工、皮革处理步骤主要都是通过手工完成的，使用机器的步骤不多，采用机械较多的是电力、电器公司，或者如云茂纱厂、大成实业公司等大型企业。除了直接投资于工业生产以外，包买制也是商业资本的一大流向，如永昌祥就在早期的沱茶生意中采用包买制。将原材料交于中间商，再由中间商组织生产，计件付工钱，但是后来由于质量不稳定，永昌祥才自己经营。[②] 又如，洪盛祥经营凤仪石磺矿，也基本采取包买制。洪盛祥出钱找矿，预支硐户资金，由硐户开采，之后交于洪盛祥。[③] 近代云南的商业资本主要转向工场手工业与包买制度是因为其投资少，转移速度快，也易于控制，符合资本增值的需求，且云南缺乏近代教育和重工业基础，机械生产需求的设备和人才要求过高，对商业资本吸引力不大。传统的土地和农业也是吸引商业资本流动的领域之一，如腾冲李曰垓于1932年设立利生垦务服务有限公司，所募股

① 施次鲁：《福春恒的兴起、发展及其没落》，载中国人民政治协商会议云南省委员会文史资料研究委员会编《云南文史资料选辑》第9辑，云南人民出版社1989年版，第1—23页。

② 杨克成：《永昌祥简史》，载中国人民政治协商会议云南省委员会文史资料研究委员会编《云南文史资料选辑》第9辑，云南人民出版社1989年版，第67—68页。

③ 董彦臣：《凤尾山石磺业发展简况》，载中国人民政治协商会议云南省委员会文史资料研究委员会编《云南文史资料选辑》第42辑，云南人民出版社1993年版，第319页。

本有20万元，在缅箐开垦。①

在三口岸开放通商和经济发展中，地方政府也起到了对经济的干预作用，主要表现为：回收关税、盐税、邮政等所得款项的存汇权力，削弱东方汇理银行在云南金融中的垄断和掠夺作用，稳定云南金融领域，并投资建设矿冶业、机械制造、制革等工业和邮政局、电报局等公共服务部门。虽然云南近代经历了军阀战乱，社会动荡，但是民众思想觉悟不断提高，主权意识、民族意识、国家意识不断加强，在社会各界对西方列强经济、金融侵略的反抗下，地方政府也做出了一些反对列强侵略、保护民族资本、维护地方利益的举措，是云南近代经济发展中不可忽略的内在动力。

在三口岸通商开放之初，云南地方政府对经济和对外贸易鲜有干预，基本是自由贸易。然而英法列强，尤其是法国凭借自身发达的金融业、制造业对分散经营、资本薄弱、技术落后的云南民族资本企业在对外贸易中进行掠夺。例如，东方汇理银行于1875年在法国巴黎成立，之后在越南西贡成立分行，其目的就是为了对法属的印度支那进行经济侵略。该行于1891年在上海开设分行，又于1932年在昆明设立分行，并通过特权和垄断地位夺取云南外汇、银币，扰乱了云南金融秩序。近代云南外贸以港币和越南纸币为主，“云南的对外汇兑……抗战前，对国外汇兑，大抵是指港汇和防汇（法纸）而言，英镑、美元无直接买卖，法郎间或有之，但为数不大。”② 据海关统计，1914年到1930年的16年间，东方汇理银行在蒙自的支

---

① 李根源、刘楚湘纂修，许秋芳等点校：《腾冲县志稿》，云南美术出版社2004年版，第371页。

② 陆复初编：《昆明市志长编》卷一一，昆明市志编纂委员会1984年版，第417页。

行共从云南运输越南银圆达1306.28万元到越南东京，运输墨西哥银圆与中国银圆共1496.5万元到上海，合计2802.78万元，折合97.26万关平两。[①] 之后还有大量的各种外地银圆和云南的半开银圆被输出，导致云南地区硬通货不足，严重影响金融稳定和经济发展。

1932年云南地方政府管控的富滇银行成立，地方政府借此积极干预金融市场，稳定金融秩序，对抗列强金融侵略，取得了一定成果。东方汇理银行利用“五国银行团”的地位，夺取云南省的盐课、开埠三关税款、邮政收益保管和汇解特权。《昆明市志长编》载，“民国二年（1913年）北京政府为改组政府，由五国银行团借款二千五百万镑，以全国盐税为抵押品。”[②] 此外，东方汇理银行还能得到年均200万两白银以上的关税和邮政费收入，实力得以增强。1932年，经国民政府财政部同意，云南的关税、盐税等业务和邮政收益款项全部转到富滇银行存汇，从而大大削弱了东方汇理银行的实力，动摇了其垄断地位，大大促进了云南金融市场的稳定。后经双方争议与谈判，确定东方汇理银行“不妨碍云南省金融与富滇银行所承办之一切金融政策，并赞助富滇银行发展一切业务，安定云南省金融”。[③] 云南销往香港的大锡跟单押汇业务也逐渐由云南地方政府办理，增加了云南出口商品的竞争力。在近代化过程中的内部因素既有保守原有制度、观念的因素，也有积极汲取西方技术、制度的因素，历史发展规律的必然要求和两因素之间博弈的结果是近代化进

① 张肖梅：《云南经济》，中国国民经济研究所1942年版。

② 陆复初编：《昆明市志长编》卷一一，昆明市志编纂委员会1984年版，第452页。

③ 车辚：《从富滇银行的历史看重建富滇银行的机遇与条件》，《云南财贸学院学报》2006年第2期。

程快慢的原因。通商开放以后，仍旧有富商巨贾投资于土地、房产和农业等传统领域，或进行包买制，而不投资于近代工业。也有一些开明人士认识到了近代工业、制造业发展的重要性，如腾冲名士、曾任国会议员的刘楚湘先生曾说："如仅贩运舶来品，倾销内地吸人民之脂膏以富列强，纵土地人民依然如故，而我国亦成一干血痨之病夫"，① 并极力呼吁兴办民族工业。

第二节　中国近代城市发展推动力量

中国古代城市的形成在很大程度上与西方近代城市发展有着不同的动力、不同的发展规律和不同的道路。影响一座城市建设、发展的因素是多方面的，包括政治、军事、经济和宗教等各个方面。在中国古代城市发展的动因中，政治因素大于经济和其他因素，政治中心和行政级别更高的城市优先发展的规律是中国古代城市发展的重要规律，正是"筑城以卫君，造郭以守民"。从先秦时期到19世纪中叶以前的中国古代城市建立，大多是政治、军事需求下强制迁移人口，修筑城墙而来的，如北京最早是区域性政权的行政中心——周代燕国都邑，明朝朱棣迁都北京的目的是在军事上抵挡蒙古族进入中原，此后北京发展迅速，在民国时期北京失去首都地位而发展缓慢。步入近代，尤其是口岸城市通商开放以后，城市发展的动力发生了很大变化，经济层面的动力成为城市发展的新动力。

① 李根源，刘楚湘纂修，许秋芳等点校：《腾冲县志稿》，云南美术出版社2004年版，第371页。

被迫开放的通商口岸城市在受到列强资本强大的牵引下，从传统经济体系中脱离出来，清政府对通商口岸城市的控制力度严重削弱，尤其在租界。在外力的拉动下，这些城市走出了与其他城市不同的发展道路，经济发展和近代化成为这些城市最显著的特征。在外部力量将其脱离传统经济体系的同时，其内部民族资本的力量也逐渐显露出作用和实力，随着商品市场、消费习惯、生产方式一同变化的还有民众的思想观念和民族意识的觉醒。外部力量是打破阻碍城市发展的封建体制的重要力量，也是将城市引向近代化发展的首要力量，但更主要的是列强进行经济侵略的核心力量，内部力量总体的变化趋势和内外部力量之间的抗衡共同决定了城市近代化程度与经济发展状况，进而影响一国总体的近代化进程。

一、西方因素

近代化与经济全球化最核心的推动力来自西欧，最早来自英国，殖民扩张成为先发工业化国家维系现代化进程的结构性需求，资本与军事强权的结合形成了帝国资本主义，通过不平等条约、技术垄断和信息不对称来掠夺他国经济资源，进行经济侵略，通过全球化来实现统一的全球市场。在这个全球市场中，工业化列强居于劳尔·普雷维什“中心—外围”理论中的中心位置，而发展中国家或地区处于外围位置。处于中心位置的工业化列强拥有先进的技术、制度，并通过抬高工业制成品价格，压低农副产品和原材料的价格来盘剥发展中国家或地区，攫取他国路权、矿产开采权、税收，甚至国家政权，实施殖民统治。不论在中国沿海沿江地区还是边疆地区的通商口岸，也不论面对的是英国、法国还是德国等列强，西方因素对口岸城市的影响都主要表现为：外来商品充斥市场，外来商业资本推动城市商品的发展，外来金融资本在一定程度上扰乱金融秩序，列强企图窃夺路权、矿产开采权和税收。“在1868年以前，英国生产的洋布独占了中国市场，其后是美国，1900年以后日本的产品也进入中国。在港口开放前后，广东人经营的洋广杂货店同时出售洋布和毛织品。而受英国商社委托经营当地京货店的洋行从事批发营销业务……到1858年时，（上海）只经营洋布的布店达到了15家。”① 最终导致该地区原有传统经济体系被打破，实现近代化的过程又极其艰难。工业发展不足，尤其是重工业，轻工业发展仍旧依赖于人力的集中和分工程度提高，技术改进所占比重不足以改变生产方式，经济增长方式仍旧停留在“近代早期”的斯密型增长阶段，难以实现近代化所必需的库兹涅茨型增长。西方因素在打破传统经济体系，打破原有制度对资本约束方面发挥了一定作用，但是从西方列强经济侵略的目的来看，其并不希望口岸城市真正完成近代化，而是永久性地充当中心与外围的缓冲地带，为其进一步扩大对内地的资源掠夺和商品倾销而服务。比如，中国近代的茶叶本来是中国出口的大宗商品，在西方冲击下，难以实现良性发展，“茶叶是中国19世纪最重要、最大宗的出口商品，作为一个传统的农业国，本来应该有机会藉此实现农业的大改造，而借助于茶叶加工又可以促进工业的发展，至少可以在产茶区做到这些。但现在看来，这只是今人的

---

① ［日］斯波义信著：《中国都市史》，布和译，北京大学出版社2013年版，第164—165页。

一种美好的愿望，在那个时代是根本不可能实现的。”①

西方因素在中国近代城市的发展中起着非常重要的作用，改变了原有城市建设与发展的动力主要来自政治和军事需求的状况，经济发展，尤其是商业发展成为很多大城市发展的主要动力，其中通商口岸受到的影响最为巨大，其在外力的作用下脱离了原有的经济体系。制度障碍的消除和外国资本的推动使要素更加自由流动，城市人口增长、规模扩大、财富积累。可以说，西方因素是中国近代城市，尤其是口岸城市发展的巨大推动力，但其在推动城市发展的同时也在制约工业发展，因此其不可能是中国近代城市持续健康发展和完成近代化的动力。

二、中国传统因素

从近代化与早期经济全球化的角度看，后发工业化国家卷入早期经济全球化与资本主义的生产方式多是被动的，但是内部力量如何应对这一过程，如何对待西方的技术与制度，如何在学习西方的同时又保持自身的民族独立性，才是决定后发工业化国家近代化命运的最终力量。

中国近代城市发展有别于古代城市发展的一大特点是城市发展的动力不同，古代城市以政治和军事需求为城市发展的首要动力，而近代城市大多以经济发展为第一动力，尤其是各通商口岸。工商业的发展是近代城市经济发展的核心，其中内部因素包含人口红利、

① 仲伟民：《茶叶与鸦片：十九世纪经济全球化中的中国》，生活·读书·新知三联书店2010年版，第76页。

民族资本、改革与保守力量的博弈。

西方列强强迫中国开放的通商口岸依次为：1842 年中英《南京条约》的上海、宁波、福州、厦门、广州五处，1858 年中英《天津条约》和 1860 年中英《北京条约》的营口、烟台、台湾、汕头、海口、镇江、汉口、九江等十一处，1876 年中英《烟台条约》的宜昌、芜湖、温州、北海四处，1887 年中法《续议商务专条》的龙州、蒙自、蛮耗等。其特点是由沿海逐步向沿江、内陆、延边扩展，一方面是沿海地区交通便利，利于商业发展，另一方面是西方列强从外部逐步向清帝国核心区域入侵的路线，是瓦解清政府经济和政治统治，变中国为殖民地的企图。口岸城市在开埠之后人口激增，城市规模扩大，原有城市规模难以容纳新增人口，一些城市城墙被拆除。如辛亥革命之后上海拆除了城墙，开始效仿租界的管理制度，于 1895 年 12 月设立上海南市马路工程局，1905 年士绅开展地方自治运动，设立上海城厢内外总工程局，1909 年又改成城乡自治公所。开埠以前，上海县人口仅 50 万，其中居住在县城和城厢附近的约 20 万，到 1949 年上海人口增加至 500 万，成为特大型的工商业城市。

清代是中国历史上极为特殊的一个时代，不仅因为它是最后一个封建朝代，而且清代是中国人口少数突破 1 亿的朝代，也是唯一达到 4 亿之巨的朝代。长期以来，江南都是中国的粮食主产区，其他地区受自然条件限制粮食亩产少，所以中国人口都难以突破 6000 万，但是清代引进了玉米、马铃薯等高产且易于在高寒地区生长的作物，粮食产量大幅提升。清代又延续了明代的移民措施，粤、闽等地向台湾各岛屿移民，闯关东进入东北，使可耕地面积进一步扩张。人口的大量增加导致农业和手工业内卷化，大量廉价的劳动力替代技术革新，使得清代难以出现大的技术革命和以新技术普及为动力的“工业革命”。在开埠之后，大量农村剩余劳动力便涌入口岸城市，为手工业、商业、建筑业发展提供了充足的劳动力，虽然中国缺乏先进技术，但是人口红利在一定程度上弥补了技术的不足，成为城市化、近代化过程中重要的内部力量。

晚清政府在面对列强入侵背后的西方技术与制度时，坚持“中学为体，西学为用”的态度。推动近代化过程的政府力量中仅有李鸿章等少数开明人士，大部分掌握权力的统治阶级成员仍旧满足于原有的政治和经济体制所带来的利益，形成了在经济、政治制度上向西方学习的最大阻力。尽管有李鸿章等倡导的洋务运动和康有为等掀起的戊戌变法，但是晚清时期的中国近代工业仍旧多采用官办、官督商办等形式，西方的股份有限公司、银行制度等近代经济制度未能大规模引进中国。中日甲午战争（1894—1895）中，学习西方技术和军事仅存的成果——北洋海军遭到毁灭。而与中国隔海相望的日本，在学习西方技术时也积极汲取西方的近代制度，建立了完备的工商业体系、近代金融体系，学习西方政治制度，逐步取代封建等级制度，瓦解武士阶层，培育资产阶级，投资重工业，扶持私人企业，成为当时亚洲唯一一个摆脱落后状况，实现近代化的国家。中日两国与西方世界碰撞的时间大致相同，但是两国国内力量间的博弈和对西方技术、制度的态度最终决定了两国在近代化过程中的不同走向。

民族资本及其所代表的改革、革命的力量是与晚清政府、既得利益官僚博弈，并要求打破封建束缚、发展资本主义、实现近代化、抵抗外国侵略的重要内部力量。中国资本主义萌芽可以追溯到明清时期的江南地区，手工工场出现，规模扩大，分工细化，开始雇用工人，“机户出资，机工出力”，商品经济的发展产生了大批商号、商帮，积累了商业资本，还形成以钱庄、票号等为代表的金融机构。鸦片战争以后，五口通商，外来商品对原有的自然经济和简单的商品经济造成了严重的冲击，许多手工工场在冲击下纷纷倒闭，同时大量外国商业资本的进入带来城市商业的快速发展。在李鸿章等推动的洋务运动影响下，清政府开始创办一些军用和民用工业。在外部力量的刺激和洋务运动的诱导下，一些官僚、商人、地主、华侨开始投资近代工商业，促进了近代民族工业发展。这一时期的企业主要有：天津贻来牟机器磨坊、广东南海继昌隆缫丝厂、上海发昌机器厂、烟台张裕葡萄酒公司等。中日甲午战争以后，沿江和内地的口岸被进一步开放，列强相继增加了对华的资本输出，自然经济遭到更进一步的破坏，加上清政府放宽对民间设立工厂的限制，更多的民族企业发展起来，民族资本的力量更加强大。除了发展近代工业，抵抗外国商品输入，民族资产阶级还用实际行动表达了“设厂自救”“实业救国”的政治诉求，他们在一定程度上了吸收西方先进技术、思想，是对抗封建官僚、反对封建专制的重要力量，掀起了收回利权运动、戊戌变法和辛亥革命。

辛亥革命之后，中国的社会环境发生了巨大变化。皇权束缚不再，旧制度迅速破除，资产阶级力量得到前所未有的发展，资产阶级社会地位大幅提升，企业家热情高涨，近代工业发展赢得了一个绝佳的机会。南京临时政府颁布了一系列有利于工商业发展的方针政策，在制度上给工商业发展以巨大支持。袁世凯政府为了笼络资产阶级，任命周学熙、张謇等民族资产阶级代表人物担任工商总长、财政总长的职务，进而制定了若干有利于振兴实业的政策法令。“抵制洋货”“发展实业”和“实业救国”，不仅是当时资产阶级的诉求，而且也成为各阶层认同的反抗列强、民族独立、振兴中华的口号，反映了当时主流的价值取向。第一次世界大战期间，西方列强无暇东顾，洋货锐减，给中国近代化和工业化带来了极好的机会，民族资本发展迅猛。1912 年至 1919 年，仅新建的厂矿企业就有 470 多家，资本增加 13000 万元，短短 7 年就超过了过去半个世纪的成就，尤其是面粉、纺织、火柴、造纸、榨油、化工等轻工业发展最为迅猛。全面抗战时期，民族资本随着沿海经济中心区域的沦陷而遭到严重破坏，但是成功迁往西南的工厂和企业在全面抗战中仍旧发挥了重要作用，为前线提供了大量的物资补给。抗战胜利后，由于国统区经济凋敝，金融混乱，大官僚、大资产阶级无度搜刮民脂民膏，民族资本的发展也因此走向衰落。

19 世纪中叶以来，中国沦为半殖民地半封建社会，外国资本主义国家强行打开中国大门，先后发动鸦片战争、中法战争、甲午中日战争、八国联军侵华战争等。西方列强扶植封建势力作为其统治中国的工具，并签订了诸多不平等条约，又通过瓜分中国土地、控制重要通商口岸、建立租界、勒索巨额赔款等手段不断侵入中国市场，牟取利益，不断冲击着中国封建经济。以《南京条约》为例，条约规定：“开放沿海城市广州、福州、厦门、宁波、上海为通商口岸；割香港给英国；中国赔偿英国款项总计 2100 万银元；中国向英国商人征收的进出口货物税，必须同英国政府商议等。”① 随着近代

① 王铁崖编：《中外旧约章汇编》第 1 册，生活·读书·新知三联书店 1957 年版。

商品贸易日益频繁，商品经济的不断发展，占统治地位的中国封建自然经济不断瓦解，近代社会结构和市场发生巨大变化，中国近代市民阶级也有了新的发展。

从历史的角度来看，甲午战争以后，中国人民的民族意识开始普遍觉醒。魏源致力于经世致用之学，在《海国图志》中提到“师夷长技以制夷”的思想，主张学习外国先进的军事和科技，富国强兵，抵御外敌。19 世纪 70 年代以后，王韬、薛福成、马建忠、郑观应等人要求吸纳西方的政治、经济学说，如郑观应在《盛世危言》中提出大力发展民族工商业，同西方国家进行“商战”，设立议院，实行“君民共主”制度等主张。19 世纪 70 年代到 90 年代，采取“官督商办、官办民用”的形式，创建了包括采矿、冶炼、纺织等工矿业和航运、铁路、电讯等在内的二十多个具有资本主义性质的民用企业。《辛丑条约》的签订，国内要求变革呼声日渐高涨。为摆脱困境，清政府于 1901 年 4 月成立督办政务处，宣布实施“新政”，鼓励工商业发展，辛亥革命后更是掀起了兴办民营企业的浪潮。虽然中国近代工商业面临封建统治阶级的政治压迫，资本主义的经济剥削，以及传统封建思想的禁锢，但是这一时期，国家经济政策相对放宽，商品经济注入新的活力，“自由、民主”的思想深入人心，涌现了众多民营企业家。

从 1840 年到 1949 年，中国近代社会经历了晚清王朝的衰落、民主主义革命，最终结束了半殖民地半封建社会的历史，建立了中华人民共和国。长期以来，国家是唯一的主导力量，决定着社会的发展方向，操控着经济命脉，在社会生活的各个方面都深深地打上了国家政治的烙印。统治阶级的高度集权化导致了社会生活的高度政治化。随着商品经济的发展，社会中原有的利益关系不断调整、重构，产生了“私人利益”。社会结构也发生了巨大的变迁，最终导致社会结构的分化，即市民社会同国家的逐渐分离。市民阶层正是社会生产力不断发展、商品经济体制不断完善的产物，同时市民阶层的发展对生产力和经济发展亦有极大的促进作用。

总体来说，民族资本是近代经济发展的国内因素中最具活力的力量，其支持资本主义改革和革命，反封建、反帝国主义侵略。因为其不具备足够强大的经济实力垄断市场，也不具备足够强大的政治实力以垄断资源，所以只有反对封建专制，反对列强侵略才能为自身发展创造足够的空间。

外部力量是打破自然经济、加速中国与西方碰撞的重要力量，但其实质是企图通过对华商品输出、资本输出来掠夺中国的原材料并倾销商品。在中国近代城市发展过程中，瓦解封建专制，明晰产权，实施有利于近代工商业发展的政策，形成有利于工商业发展的制度环境，促使民族意识觉醒，抵制洋货等一系列决定近代化走向和经济发展方向的历史因素都是内部力量主导的。外部力量的侵入具有被动性，难以进行选择，而内部力量是内部各方势力博弈与选择的结果，是决定发展的最终力量。内部力量站在什么样的立场，如何面对和吸收西方先进技术与制度，才是决定西方因素对中国发展影响的根本力量。从发展经济学的角度看，后发工业化国家虽然在技术和制度上比先发工业化国家落后，但是也具有短期内通过学习先发工业化国家先进经验，结合自身优势制定合理发展规划，进而加速发展，赶超工业化列强的后发优势。

结　语

中国创造了璀璨的人类文明，成为世界四大文明古国之一。直至明清时期，中国江南地区经济发展与世界上一些发达地区相比不相上下，清代中期中国仍属世界主要经济体之一。随着西方的入侵，中国的自主发展遭到了破坏，政治上主权丧失，经济上惨遭西方掠夺，文化上中华传统文化传承出现断层，近代中国逐渐沦为半殖民地半封建社会。

西方入侵的负面影响也体现在城市发展上。随着西方列强入侵，中国城市的自主发展受到了前所未有的挑战，大多数城市的经济陷入了萧条，城市经济呈现出畸形发展的特点，主要表现在产业链不完整、城乡二元分割、官僚资本与买办资本掌握着城市发展命运。与此同时，促进中国城市发展的内在因素仍在顽强地发挥作用，最终促进了城市的近代化发展。归根结底，中国近代城市发展的主要推动力量来自中国社会内部。

第一节　通商口岸的作用及意义

通商口岸的设立，服务于西方列强掠夺中国经济之目的，口岸城市大多被外国资本控制。虽然客观上起到了瓦解封建经济的作用，其根本目的是将中国纳入世界资本主义经济体系，使中国沦落为西方的原材料产地和商品倾销市场。

一、对云南边疆经济发展的作用意义

通商口岸开放是西方力量介入云南的起点，也是云南走向近代化的开端。即使没有三口岸的开放，云南的自然经济也会瓦解，也会走向近代化，只是方式不同。三通商口岸开放是被动的，但云南在融入早期经济全球化、发展自己的近代工业中却是主动的。通商口岸的开放恰恰使云南特殊的地理区位优势得以发挥，交通状况得以改善。正是在外在因素刺激下，云南摆脱了以农业为主的传统经济体系束缚，依靠自身力量走出了适合自己发展的道路。可以说，三口岸通商是云南站在自身乃至全国视角、国际视角考量自身发展的开端。

云南虽早在战国时期就已成为中央王朝的一部分，但是山地多，平原少，水流湍急不利航行，纵有丰富的动植物、矿产资源也难以开发，交通成为制约云南发展的最大因素，致使云南长期处于中原文化的边缘地带。古代云南经济以自给自足的小农经济为主，兼有银矿、铜矿等矿藏开发，但是矿藏开发多是传统经济体制下为铸造货币而进行的，投资与收益大部分都归属朝廷，留予地方参与发展经济的极少。云南与周边的西藏、四川、贵州等省份同属较落后地

区，经济结构类似，商品互补性弱；与中原地区和江南地区相比，则更加缺乏贸易优势。如果仅从国内角度看，云南经济发展受到地理限制，处于中央王朝的经济、政治边缘，农业、手工业、商业的发展都有局限性。如果放眼国内外，那么云南虽然处于祖国边疆，但是也处于东南亚与中国的接壤部分，在海上贸易不发达、西藏与印度地区又有喜马拉雅山脉阻隔的情况下，云南就成为通往东南亚和印度的重要通道，形成了著名的“南方丝绸之路”和“茶马古道”。云南对外贸易主要通过人背马驮穿梭于群山之间，单次行程时间长，运量小，决定了只能运输单位体积小、价值高的贵重物品，难以实现日常生活用品和原材料的贸易，这也就决定了云南与东南亚的商品市场、劳动力市场和原材料市场还是相互独立的，要素流动仍旧只能限制在很小的区域内，难以实现跨地区、跨国界流动。

按照发展历程与要素流动的特点，可将早期经济全球化分为三个阶段：第一阶段是大约从 3 世纪到 11 世纪，属于特殊商品远距离交易时期。由于各大洲自然条件不同而物产各异，各地域因商品的差异性和互补性而互通有无，贸易产品以奢侈品和特产为主。第二阶段是大约从 11 世纪到 18 世纪，属于从欧洲地中海到达亚、非、美的四大洲之间日常消费品的大宗贸易时期。第三阶段是 18 世纪英国工业革命后，属于从欧洲出发向全世界进行工业品同经济作物的贸易。前两个阶段以各国和地区互通有无为主，要素流动基本限制在国家范围内，各国经济发展并没有出现质的差异。第三阶段，英国等欧洲国家率先开始大规模使用矿物质能源，新技术大规模推广使用，建立了资本主义经济制度，生产力水平大幅提升，而其他国家或地区仍旧处于“有机循环经济”中，同质世界转变为异质世界。

这种转变不仅表现为各国生产能力的巨大差异，而且占有优势地位的西方列强可以通过推进经济全球化来使要素跨区域流动，进而通过工农业剪刀差、不平等条约、资本输出等方式廉价攫取他国农产品和原材料，高价倾销工业制成品，使财富集中向列强流动，从而造成发展中国家更加贫困。从18世纪到现在的三百多年里，世界发达国家与发展中国家的队伍基本没有发生变化，可见异质世界形成的影响之深远。

云南通商口岸的开放与全国其他地区通商口岸的开放一样，都是异质世界两种不同社会、经济形态的碰撞，是中西因素的交汇处。对于西方来说，是打开云南大门，进而进一步深入云南和四川、再进一步顺势而下深入中国内地，完全控制中国经济的一步。对于云南来说，是开眼看世界，站在新的高度重新审视自己，摆脱传统经济、政治控制的一步。滇越铁路的修通大大改善了云南对外交通状况，云南对外贸易发展迅猛，成为连接四川、西藏、贵州等省份和东南亚乃至香港的重要桥梁，是区域商业贸易发展的重要组成部分。云南成为全国沿海沿江开放后边疆地区开放的典型，说明了在经济全球化后边疆地区在沿边贸易、全球贸易和连接国内外市场作用中展现出的优势。

长期以来，制约云南经济和贸易发展的首要条件是交通。如今随着技术进步，铁路、公路、飞机等现代交通工具的出现，云南对外、对内交通条件都大为改善，经济和对外贸易都发展迅速。随着我国现代化、城市化、工业化的发展，原先沿海地区依靠便利交通条件、依靠人口红利发展加工转口贸易的发展模式已经逐步表现出其缺陷，劳动力成本、原材料成本上升和外汇波动都会对其造成重大影响。只有提升技术含量，进行技术创新，增加产品附加值，才能提升国际贸易中的比较优势，在日趋激烈的国际竞争中立于不败之地。随着我国经济和对外贸易的发展，除了欧、美、日等发达国家和地区之外，亚、非、拉的很多发展中国家和地区也成为我国的重要贸易伙伴，其对商品和资本都有巨大的需求。我国对发达国家的贸易主要是为其来料加工，技术含量低，利润低，而产品设计、技术研发、市场营销等利润高的环节都难以涉及。与此同时，一些我国自主品牌的商品在发展中国家却有很好的销路。一方面是价格相对低廉，性价比高，较发达国家商品有价格优势，另一方面是商品定位符合发展中国家的需求。不仅我国企业获利可观，而且利于企业继续研发创新，提高技术含量，树立品牌。

东南亚国家的工业化、城市化与旅游业发展为云南对外贸易提供了良好的机遇，因此云南应坚持“桥头堡战略”，推进“兴边富民”工程，吸引更多国内外资金到云南投资，也将资本投入东南亚，深化与东南亚各国的对外贸易，进而拉动云南经济发展，发挥连接内地与东南亚的桥梁作用。东南亚地区的工业化、城市化将是亚洲经济发展中的重要力量，东南亚廉价劳动力、临海的地理位置和有利于外资进入的政策开始吸引越来越多的外国企业投资设厂。能否扩大和深化对东南亚贸易，能否在东南亚工业化、城市化过程中抢占先机，将是能否占有东南亚市场，在国际竞争中占据有利地位的关键，而云南占据与东南亚相连的地理优势和传统边贸的优势，是面向东南亚开放的前沿，云南的发展模式可以为边疆民族地区如何兼顾对外开放与对内发展，选择合适的外向型发展战略与内向型发展战略提供参考。

二、对全国边疆地区经济发展的作用

我国有 9 个省、自治区同 16 个邻国接壤，内陆边境线长达 2.2 万多公里，其中少数民族地区占 86.3%，为 1.9 万公里。沿边 9 省的 135 个县、旗、市、市辖区中民族自治地方 107 个，占 79.3%，少数民族人口接近一半。我国幅员辽阔，拥有 56 个民族，拥有多样的地理、气候环境，形成了不同的地域风格和民族文化。沿边民族地区与中原地区在古代有不同的经济结构，双方商品互补性强，时常有互市。另外，边疆民族地区与周边国家在自然地理条件、民族血缘、文化、经济结构方面都有很多相似之处。如蒙古国与内蒙古自治区同处蒙古高原，自然环境相似，在历史上，蒙古高原有统一的帝国，与中原王朝有交融也有战争。又如延边朝鲜族自治州聚居的朝鲜族与朝鲜民主主义人民共和国的朝鲜族拥有相同的传统文化。延边地区在与内地商品有互补性的同时，也普遍具有与邻国贸易的优势，很多地区还拥有边民互市的传统。

在经济全球化的背景下，各国之间的联系进一步加强，要素流动打破国界，交通运输的发展更是拉近了国与国之间的距离，各国之间经济相互渗透性更强，依赖程度更高。沿边地区的开放已不仅仅是一国的发展战略，更是经济全球化的必然要求。过去，边疆民族地区的主要战略任务是稳定和战备；现在，国内经济形势和世界经济、政治局势的转变，使得边疆民族地区的经济发展有了更高的需求。改革开放以来，东部沿海地区的开放与发展取得了良好的成果，如今我国加快了边境城市的开放力度，推进纵深开发战略，把东部的成功经验和优惠政策移植到边疆地区。边疆民族地区根据自身特点采用适合的路径，发挥自身地理优势、文化优势，针对国外市场需求将自身打造成为对外开放前沿，实现我国全方位、多层次的高水平对外开放的格局。

边疆民族地区深化高水平对外开放，将对外开放与对内开放结合起来，充分利用自身地理、资源优势，吸收东部先进经验和资金、技术，开拓国外市场，实现共同繁荣、共同发展，是在经济全球化背景下的战略选择，也是边疆民族地区建设高水平现代化的必然选择。

第二节 近代城市发展的经济因素探讨

在数千年的历史中，世界上的城市经历了若干发展阶段。一般情况下，城市的发展是经济增长的必要条件。除非社会发展到“后城市化”阶段，否则城市化水平仍是衡量一个国家社会发达程度和人们生活水准高下的总指标。

从城市个体来看，每个城市皆有其特有的历史及功能特征，在很大程度上，这些特征又取决于自然、地理因素、人文因素、民族文化因素、国家和地区的社会经济发展特点等。

影响城市发展的因素很多，本书重点分析农业生产的发展和分工这两种和城市发展之间形成循环促进作用的因素。

一、农业生产与城市发展

农村尤其是农业生产的增长，无疑会有利于城市的兴起和发展；反过来，城市的发展又将促进农业生产的发展。首先，农村—农业生产的发展促进城市的兴起和发展，随着农业技术的发展和单位亩产的提高，社会逐渐有了剩余粮食和其他农产品；粮食产量的提升使得剩余的农业劳动人口得以产生，为大量人员从事非农产业提供了人员储备。然后，城市第二、三产业的发展，为第一产业提供了新工具、新技术，最终反过来促进了农村第一产业经济发展。

二、分工与城市发展

从根本上讲，城市是社会分工的产物。分工促进了城市的形成和发展，反过来，城市的发展也有助于分工的进一步深化。首先，分工产生了聚集效应。一是分工带来专业化的发展，促进了规模报酬递增；二是因为地区分工及产业分工，促进了城乡分离及城市发展。分工的聚集效应促进城市的产生和发展。其次，城市通过深化效应有助于分工的深化。城市的深化效应，一是城市的聚集促使市场容量扩大，二是城市的异质性增加促进城市之间的分工的发展。这一循环促进过程如图 3 所示。

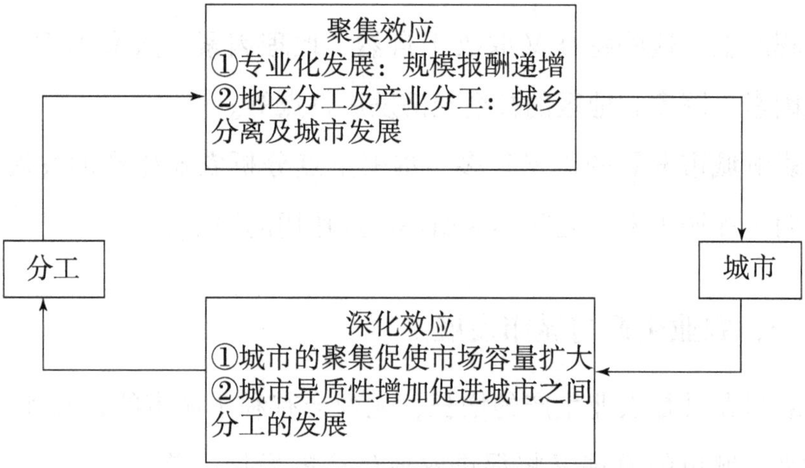

图 3　分工与城市发展

第三节 中国近代城市推动力量

一、经济全球化的影响

随着经济全球化的发展和全球范围内分工格局的形成，近代中国不可避免地卷入经济全球化的浪潮之中。近代经济对中国传统经济影响是巨大的，一个主要表现是由熟人社会向契约社会转变，促进了商品交换半径的扩大，正如费孝通所言，“在亲密的血缘社会中商业是不可能存在的，这并不是说这种社会不会发生交易，而是说他们的交易是以人情来维持的，是相互馈赠的方式。”①

经济全球化还推动了中国教育改革，现代教育开始起步，为近代城市化提供了知识与技能的储备。“1901 年，慈禧宣布开始改革后，政府的第一批举措中，就包括建立新的教育体制。1902 年，政府开始在全国范围内建立一套金字塔形的教育体制：从地方学堂、州县技术学校，到省立、国立的大学堂，各级学校都要抽出部分时间，学习西方的数学、科学与地理知识。两年后……废除传统科举制度……西学、地方政治威望和财富等其他有助于人们获得社会地位的手段不仅有了与旧功名体制一较高下的机会，还很快便战胜了后者。”②

中国城市由作为封建统治的堡垒到了近代逐渐成为全球分工体

---

① 费孝通：《乡土中国》，生活·读书·新知三联书店 2013 年版，第 93 页。

② ［美］魏斐德著：《中华帝国的衰落》，梅静译，民主与建设出版社 2017 年版，第 239 页。

系下的节点，社会分工的发展使得生产要素一定程度上在全球范围内进行配置，客观上促进了中国城市的专业化发展和现代化进程。比如中国农业社会中的借贷，“一个饥饿的家庭，几乎可以忍受任何利率”①。中国作为传统农业大国，一直所保持的小农经济对借贷最初的需求源于生存需要（借贷与经济活动的联系不大），大多是青黄不接时的保命之需，再加上缺乏完善的借贷市场和制度保障，借贷利率往往都很高。虽然历代政府官方确定的利率大都在20%左右，但实际执行下来利率多达到官方确定利率的一倍甚至多倍，尤其是在面对天灾人祸时，甚至会出现50%、100%之类的高利率现象。随着商品经济的发展，明清以降，官方利率呈下降趋势，也大都维持在30%左右，实物借贷的利率则在50%以上。此外，通过探究古代借贷可以发现，借贷行为虽为一种社会经济行为，但其并非大范围、高频率地出现，立足于传统社会的重农抑商政策，借贷这一经济举措只有在特殊情况才会出现，货币在市场上的流通速度与流通范围都有所局限，从而影响了古代工商业的繁荣与发展。纵有少部分借贷流向商业领域，但其利率之高也让众商人望而却步，且缺乏全国性的金融市场，这些均不利于商品经济的发展。

近代以来，随着西方对中国城市影响的不断扩大，近代银行业也发展迅速。西方在中国纷纷开设银行，带动着中国银行业如雨后春笋般蓬勃兴起。据悉，1912—1927年就有186家新银行开业。无论是西方的银行还是中国本土银行，主观上都是以追求利润为主要目的，客观上起到了降低中国利率的作用。近代银行的利率基本在

① 黄宗智：《华北的小农经济与社会变迁》，中华书局2000年版，第191页。

10%以下，远低于明清时期的利率和民间当铺的利息。利率的降低，有效降低了资本的使用效率，更多商人更容易获得低成本资金，可用于扩大商品采购，开设更多店铺，拓展销售渠道等，加速了商品的流通和周转，进而推动了城市商业的繁荣，使城市的商业氛围更加活跃。以上海为例，近代以来其商业规模不断扩大，逐渐成为全球不可忽视的商贸点。《近现代利率史报告》中曾指出，近现代中国利率市场在商业或都市年利率在 1 分左右，而在农村年利率普通为 1—2 分，较低的利率激活发展潜力，贸易企业的融资成本降低，能够更积极地参与国内外贸易活动，增加贸易量，促进城市贸易中心地位的形成和巩固，加强城市与国内外其他地区的经济联系。此外，银行利率的降低，缓解了房地产开发商的融资成本，市场流动性得到提升。据悉，银行投资城市房地产的这一行为十分活跃，其用于地产投资的信贷数额持续走高。以四明银行为例，1932 年起，四明银行施行新的资产调配举措，将总行除营业用房地产外的房地产投资额，全部转入储蓄部。储蓄部的房地产投资额达到 463 万元。到了 1933 年，这一数字攀升至 510 万元，在储蓄部总资产中占比 22%。对于城市建设发挥着至关重要的作用，不断完善与充实着城市布局与城市规模。

近代银行业的产生与发展，突破了原有建立在血缘和地缘基础上的传统借贷的限制，逐渐建立了适应现代经济的金融市场。客观上，也使大量分散的闲散资金集聚在一起，极大提升了社会资金的利用率。陈志武等人曾统计过，与西欧相比，清代中国的整体利率水平远高于同时期的西欧，且通过对西方大规模工业化前的金融市场的情况分析发现，利率高低很好地反映了其金融制度的状况，从而影响经济发展。利率在很大程度上影响着资本的流向，而行业资本的变动又在一定程度上标志这个行业的兴衰。利率作为金融市场中一个关键部分，“如果利息率的差别实际上表示利润率的差别，一个国家利息率的高低就同样会和产业发展的水平成反比。”① 近代新式银行的放款利率基本上是一个变化不大，较之前处于缓缓下降之中，通常保持在10%左右的水平，表明我国此时的金融业正在呈正向发展，这极大丰富了社会上的可流动资本量，为金融市场的产生和发展提供了不可或缺的支持，共同推动了金融市场的繁荣与进步，也为近代经济发展做出了极大贡献。同时，利率传导也是优化金融资源的过程，投资和产出效率在这个过程具有重要地位，一旦利率进入实体经济及微观范围内，就会通过资本成本扩大企业资金来源，促使企业投资环境发生变化。当然，新式的金融市场，作为现代利率存在与变动的重要载体，在推动城市经济发展、优化资源配置等方面也发挥着举足轻重的作用，为近代中国城市发展添砖加瓦。

此外，尽管中国近代银行的发展促使利率有所下降，但与西方国家相比，仍旧存在利率差，因此也促进了外来资本的涌入，“中国银行界放款利率之高，真非世界各国之所能及。例如在美国，银行对于工商业借款所取索的利息，最少的只有四厘，最多的亦不过六厘；在欧洲，例如德国，银行放给商业的款子，其取息亦仅在五六厘之间，其他诸国，虽无实际之统计可考，但较之德国银行的利率，亦决不会向去过甚。”② 中国与外国的利率差，无不在吸引外国资本

① ［德］马克思著：《资本论》第三卷，中共中央马克思恩格斯列宁斯大林著作编译局译，人民出版社1975年版，第403页。

② 吴承禧：《中国的银行》，商务印书馆1934年版，第57页。

的大量流入，一个显著特征就是早期外资银行的数量占比较高，出现了许多在中国影响力巨大的银行，如汇丰银行、花旗银行、德华银行等。外资银行大多选址优越，十分注重资源、地理位置、基础设施等，而且其所携带的发展资本也十分雄厚，如上海的外资银行就为上海城市的发展带来了巨大的吸力，资本的持续流入显著提升了货币供给量，这为当地市场的形成提供了重要条件，即货币数量的增加，为城市发展注入无限活力。

近代银行主要分布在城市，服务的对象也集中在城市。近代城市中银行业的发展，有效降低了企业资金使用成本，增加了资金的使用效率，提升了资本回报率。西方银行业进驻中国，为了确保资金安全，实现资产保值增值目的，将西方的评价机制引入国内，客观上有助于中国近代工商业的管理科学化和规范化，有助于近代工商业的近代化转变，助力了近代城市经济的发展，推动了中国城市的近代化转型。

二、中国传统因素的影响

中国传统社会中，政治权力集中在城市，这一点与中世纪的西欧有明显不同，所以中国历史上绝大多数城市属于政治中心。中国城市自产生之日起，就成为民众向往的地方，“国”“野”之分泾渭分明。无论是汉代的“举孝廉”还是隋唐开创的科举制度，其要义均是将人才选送到城市中去。中国历代城市均是人才的高地和各种资源的集中地，生产要素长期富集在城市之中。随着唐宋城市革命的发生，各种生产要素在城市中不断发生“裂变反应”，从而促进了传统城市的发展和近代城市的转型。

科举制作为中国古代延续千余年的选官制度，不仅深刻影响着政治结构与社会流动，更与中国城市的发展形成了紧密的互动关系。从隋唐至明清，科举制在推动城市发展进程、塑造城市文化、促进城市经济繁荣等方面发挥了不可替代的作用。

首先，科举制的实施催生了一批以考场为核心的城市空间。自隋代设立进士科以来，考试逐渐形成层级体系，如唐代的“解试—省试—殿试”三级考试、宋代的“乡试—会试—殿试”制度。这些考试场所多集中于行政中心城市。据《唐国史补》卷下《礼部置贡院》载：“开元二十四年（736），考功郎中李昂为士子所轻诋，天子以郎署权轻，移职礼部，始置贡院。”① 唐时贡院建立后，宋代贡院也普遍建立，明朝时顺天府、应天府、十三布政司等皆设贡院。② 此后，贡院逐渐成为科举考试的重要组成部分。从唐宋至明清，贡院一直是乡试、会试等各级科举考试的专用考场。同时，贡院不是单个的建筑而是连成一片的建筑群，是京师和各省会城市中重要的政治景观；贡院是城市中规模仅次于皇宫的建筑，有着高大的围墙，墙上施以荆棘，外人不经允许便无法进入。贡院极富象征意义且规模庞大的建筑在京师和各省会城市中长久存在，即是一种朝廷对全国各地拥有无可争议统治权威的昭示，是一种重要的政治景观。另外，以明清为例，乡试在各省省会举行，会试与殿试则集中于北京，南京也曾作为陪都设考场。贡院作为考试专用建筑群，成为城市地标。明代南京江南贡院占地广阔，可容纳两万考生，其建筑布局包

---

① （唐）李肇等：《唐国史补》卷下《礼部置贡院》，上海古籍出版社 1979 年点校本，第 56 页。

② 郑欣：《明代贡院研究》，福建师范大学 2022 年博士学位论文。

括考棚、瞭望楼、监考官员居所等，形成独特的“科举城市景观”。

其次，科举制推动了城市文教设施的集中化。为服务考生，书院、书肆、印刷作坊在考场周边兴起。宋代汴京的相国寺附近书市繁荣，明清北京琉璃厂以售卖科举用书和文房四宝闻名。这些区域逐渐演变为城市的文化中心，促进了知识与商业的融合，推动城市的发展。

最后，科举制度作为传统社会选拔官吏的核心机制，兼具多重社会与政治功能。从统治阶级的视角来看，它是一种极具效力的政治工具，通过将天下士子纳入统一的选拔体系，有效笼络了社会精英，巩固了中央集权与统治基础。对于普通民众而言，科举则提供了一种相对公平且制度化的社会流动渠道，使得社会各阶层人士均有平等机会凭借自身学识与能力跻身仕途，进而改变个人命运，获取相应的社会地位与经济资源。这一制度的长期运行，不仅影响了中国传统社会的阶层结构，也在一定程度上塑造了文人的价值取向与社会的文化生态。潘光旦、费孝通曾研究过科举与社会流动的问题，他们通过对清代 915 本贡生、举人、进士的朱墨卷进行调查统计，发现在这些人中父辈无功名的占 33%—44%，而连续五代都无功名的布衣子弟也有 122 人，[①] 从而说明“科举制度具有相当的开放性和一定程度的竞争性造成封建社会的人才流动”。[②] 科目选士所具有的竞争机制是不容忽视的，一定程度上的均等竞争推动了不同等级成员之间的流动，同时将人口流入城市，有利于城市的发展。钱穆

① 何忠礼：《二十世纪的中国科举制度史研究》，《历史研究》2000 年第 6 期。

② 潘光旦、费孝通：《科举与社会流动》，《社会科学》（清华大学）1947 年第 1 期。

指出，中国社会特殊性有三，其中之一是“士常出于农民之秀者，后世之所谓耕读传家，统治阶级不断自农村中来”。[①] 所谓“朝为田舍郎，暮登天子堂”，说的就是这种情况。科举制度在一定程度上实现了中国社会各阶层之间的社会流动与分层，正如帕累托的精英流转理论所表明的，一定的社会流动可以将稳定性不平等转变为暂时性不平等，从而构成社会稳定的平衡机制。[②] 另外，科举考试带来的周期性人口流动，直接刺激了城市经济的活跃。每逢大比之年，数以万计的考生涌入省城与京师，催生了庞大的住宿、餐饮、交通需求。唐代长安“春闱”期间，旅店爆满，甚至出现“赁宅而居”的现象；清代北京前门外客栈林立，专为考生提供“包月食宿”服务。更为深远的影响在于，科举制通过选拔官员间接推动了城市间的经济网络构建。中举者多被派往各地任职，其家族亦往往迁居至其任职地，形成“官籍”与“商籍”交织的地方精英网络。例如，徽商与晋商的崛起，便与科举士人群体对商业资本的庇护密不可分。

现代研究表明，读书人通过科举进入国家统治阶层的数量是微乎其微的，这也许是“范进中举”故事会引起大家广泛共鸣的原因。同时，科举考试的引领示范作用却又是巨大的，就是在全社会形成了一种尊重知识与文化的传统。无论是庙堂之高，抑或是江湖之远，崇尚知识与文化成为共识。在科举制度的引领下，普通民众的文化素养得以提升，识字率得以提高。一方面，历代知识文化在民众中的传播和传承有了一个载体；另一方面，知识的传播与传承使中国

---

① 金耀基：《从传统到现代》，中国人民大学出版社 1999 年版，第 51—52 页。

② 奂平清、刘海燕：《从科举制度看我国的城乡文化关系》，《西北成人教育学报》2003 年第 1 期。

民众很早就摆脱了西欧中世纪的愚昧状态，很早就在一定程度上起到了“文艺复兴”启蒙的作用。直到 1905 年科举制的废除，标志着这一制度与城市关系的转型，但其遗产仍深刻烙印于中国城市肌理中。贡院旧址多改建为学校，如南京江南贡院现为南京大学部分校址，科举题名录、状元府邸成为城市旅游的文化符号。更重要的是，科举制所倡导的“学而优则仕”的理念，至今仍影响着中国城市对教育与人才的重视。从古代考场到现代高校，从士绅社会到知识经济，科举制与城市的互动始终是中国文明演进中一条隐而不显的脉络。

近代城市经济的发展是伴随着工业革命和科技革命而发展起来的。中国民众长期以来积累的文化素养和较高的识字率，有助于其学习西方先进的生产技术和经营知识，能较好地适应近代城市发展之需，反过来，又成为推动近代城市经济发展的重要因素。中西方因素在中国近代城市化中的作用，诚如罗威廉在论及 19 世纪汉口城市发展时所说，“与西方的贸易带来了一些显著的变化，比如轮船的到来和茶叶的国际贸易。可是，我们必须谨慎地区分这些变化何者可直接归功于西方的接触，而何者则是其内在发展过程的必然结果，尽管这一进程因受到外贸的催化而加速，但它的发展毕竟远远早于对外贸易。在 1889 年中国开始引进蒸汽动力工业之前，这一内在发展的结果看来要比（西方势力的到来所引起的）变化重要得多。”①

近代西方势力的侵入，一定程度上破坏了中国城市的近代化历

① WilliamTRowe, *Hankow*: *conflictandcommunity ina Chinese city*, *1796—1895*, Stanford: Stanford University Press, 1989. 转引自《汉口个中国城市的冲突和社区（1796—1895）》，中国人民大学出版社 2008 年版。

程，其目的是将中国纳入世界经济体系，从而成为其原材料产地和产品销售市场。所以，近代城市发展的内在推动力量才是关键。随着政治影响力的式微，近代城市的经济属性日益明显，近代城市体系逐渐形成。城市体系形成促进了城市分工发展和专业化生产的发展，中国的内部力量尤其是中国近代城市体系的形成与完善是近代城市经济发展和城市转型的主要推动力量。

主要参考文献

1. 中文著作

[日] 中村圭尔、辛德勇：《中日古代城市研究》，中国社会科学出版社 2004 年版。

《马克思恩格斯全集》，人民出版社 2012 年版。

曹洪涛、刘金声：《中国近现代城市的发展》，中国城市出版社 1998 年版。

曾兆祥主编：《湖北近代经济贸易史料选辑》第 1 辑，湖北省志贸易志编辑室 1984 年版。

陈恒：《西方城市史学》，商务印书馆 2017 年版。

陈涛：《唐宋城市史论集》，商务印书馆 2024 年版。

陈真等编：《中国近代工业史料》第 3 辑，生活 · 读书 · 新知三联书店 1961 年版。

陈重民：《中国进口贸易》，商务印书馆 1934 年版。

谌旭彬：《大变局：晚清改革五十年》，浙江人民出版社 2023

年版。

褚保一:《工业化与中国国际贸易》,商务印书馆 1946 年版。

褚守庄:《云南烟草事业》,新云南丛书社 1947 年版。

戴鞍钢:《港口·城市·腹地——上海与长江流域经济关系的历史考察(1843—1913)》,复旦大学出版社 1998 年版。

戴均良主编:《中国城市发展史》,黑龙江人民出版社 1992 年版。

董孟雄:《云南近代地方经济史研究》,云南人民出版社 1991 年版。

樊如森:《天津与北方经济现代化》,东方出版中心 2007 年版。

范金民:《明清江南商业的发展》,广西师范大学出版社 2024 年版。

方国瑜:《中国西南历史地理考释》(上册),中华书局 1987 年版。

费成康:《中国租界通史》,上海社会科学出版社 2024 年版。

费孝通:《乡土中国》,生活·读书·新知三联书店 2013 年版。

复旦大学历史地理研究中心主编:《港口—腹地和中国现代化进程》,齐鲁书社 2005 年版。

傅崇兰:《中国运河城市发展史》,四川人民出版社 1985 年版。

傅崇兰等:《中国城市发展史》,社会科学文献出版社 2009 年版。

高龙彬:《哈尔滨城市史:枢纽与窗口》,中国社会科学出版社 2024 年版。

顾朝林:《中国城镇体系——历史·现状·展望》,商务印书馆

1992 年版。

郭垣：《云南省经济问题》，正中书局 1940 年版。

海关总税务司署统计科编：《最近十年各埠海关报告（民国十一年至二十年）》（上卷），海关总税务司署统计科 1934 年版。

何一民：《中国城市史纲》，四川大学出版社 1994 年版。

何一民主编：《近代中国城市发展与社会变迁（1840—1949）》，科学出版社 2004 年版。

胡瑞：《从城西首镇到华洋之界：上海法华地区城市化进程研究》，上海社会科学院出版社 2024 年版。

黄炎培、庞淞：《中国商战失败史》，商务印书馆 1917 年版。

黄宗智：《华北的小农经济与社会变迁》，中华书局 2000 年版。

季羡林：《中印文化关系史论文集》，生活·读书·新知三联书店 1982 年版。

佳宏伟：《区域社会与口岸贸易——以天津为中心：1867—1931》，天津古籍出版社 2010 年版。

姜涛：《中国近代人口史》，浙江人民出版社 1993 年版。

蒋君章：《西南经济地理》，商务印书馆 1945 年版。

金耀基：《从传统到现代》，中国人民大学出版社 1999 年版。

经济部资源委员会经济研究室主编：《云南个旧之锡矿》，1940 年版。

昆明市盘龙区政协文史资料委员会编：《盘龙文史资料》，云南省昆明市盘龙区政协委员会文史资料委员会 1991 年版。

雷颐：《帝国的覆没：近代中国社会的转型困局》，东方出版社 2021 年版。

李伯重等：《枪炮、经济与霸权：谁在争夺世界经济的铁王座》，现代出版社2020年版。

李珪主编：《云南近代经济史》，云南民族出版社1995年版。

李孝聪：《中国城市的历史空间》，北京大学出版社2015年版。

李孝悌：《琐言赘语：明清以来的文化、城市和启蒙》，广西师范大学出版社2024年版。

李洵：《下学集》，中国社会出版社1995年版。

梁琦：《分工、集聚与增长》，商务印书馆2009年版。

陆仰渊等编：《民国社会经济史》，中国经济出版社1991年版。

马克思著：《资本论》，中共中央马克思恩格斯列宁斯大林著作编译局译，人民出版社1975年版。

马曜主编：《云南简史》，云南人民出版社1983年版。

马子华：《滇南散记》，云南人民出版社2002年版。

茅家琦等：《中国旧海关史料（1859—1948）》，京华出版社2001年版。

宓汝成编：《中国近代铁路史资料（1863—1911）》第1册，中华书局1963年版。

宁越敏等：《中国城市发展史》，安徽科学技术出版社1994年版。

彭泽益编：《中国近代手工业史资料（1840—1949）》，中华书局1962年版。

任吉东主编：《城市史研究》，社会科学文献出版社2021年版。

盛洪：《分工与交易：一个一般理论及其对中国非专业化问题的应用分析》，上海人民出版社1994年版。

史明正：《走向早期现代化的北京城》，北京大学出版社 1995 年版。

唐文基：《16—18 世纪中国商业革命》，社会科学文献出版社 2008 年版。

涂文学：《城市早期现代化的黄金时代：1930 年代汉口的“市政改革”》，中国社会科学出版社 2009 年版。

万湘澄：《云南对外贸易概观》，新云南丛书社发行部 1946 年版。

汪德荣编：《中国-东盟贸易概论》，中国物资出版社 2011 年版。

王笛：《走进中国城市内部》，人民文学出版社 2024 年版。

王列辉：《驶向枢纽港：上海、宁波两港空间关系研究（1843—1941）》，浙江大学出版社 2009 年版。

王俞现：《权力、资本与商帮》，北京联合出版社 2020 年版。

王长升、傅崇兰：《长城沿线城市》，东方出版社 1990 年版。

王钟麒：《全国商埠考察记》，世界书局 1926 年版。

隗瀛涛：《中国近代不同类型城市综合研究》，四川大学出版社 1998 年版。

吴承明：《中国现代化：市场与社会》，生活·读书·新知三联书店 2001 年版。

吴承禧：《中国的银行》，商务印书馆 1934 年版。

吴弘明编译：《津海关贸易年报（1865—1946）》，天津社会科学院出版社 2006 年版。

吴敬恒等主编，束世澄撰述，金兆梓校阅：《中法外交史》，商务印书馆 1928 年版。

吴松弟等：《中国百年经济拼图》，山东画报出版社 2006 年版。

吴兴南：《云南对外贸易——从传统到近代化的历程》，云南民族出版社 1997 年版。

吴兴南：《云南对外贸易史》，云南大学出版社 2002 年版。

武斯作：《中原城市史略》，湖北人民出版社 1980 年版。

徐勇：《城乡差别的中国政治》，社会科学文献出版社 2019 年版。

许宏：《城的中国史》，河南文艺出版社 2024 年版。

薛凤旋：《西方城市文明史》，九州出版社 2023 年版。

薛凤旋：《中国城市文明史》，九州出版社 2022 年版。

薛毅：《中国近代经济史探微》，商务印书馆 2010 年版。

杨天宏：《口岸开放与社会变革——近代中国自开商埠研究》，中华书局 2002 年版。

杨伟兵：《中国近代经济地理》，华东师范大学出版社 2015 年版。

姚贤镐主编：《中国近代对外贸易史资料（1840—1895）》，中华书局 1962 年版。

姚永超：《国家、企业、商人与东北港口空间的构建研究（1861—1931）》，中国海关出版社 2010 年版。

尤季华：《中国出口贸易》，商务印书馆 1934 年版。

由云龙：《滇录》，云南省教育会 1933 年版。

云南近代史编写组编：《云南近代史》，云南人民出版社 1993 年版。

云南省经济研究所编：《云南近代经济史文集》，经济问题探索杂志社 1988 年版。

云南省历史研究所编：《（清实录）越南缅甸泰国老挝史料摘编》，云南人民出版社 1986 年版。

云南省清理财政局编：《云南全省财政说明书》，清宣统二年（1910）经济学会铅印本。

云南省人民政府财政经济委员会编：《云南经济资料》，云南省人民政府财政经济委员会 1950 年版。

张肖梅：《云南经济》，中国国民经济研究所 1942 年版。

张之洞：《张文襄公全集》第 1 册，中国书店 1990 版。

张仲礼主编：《东南沿海城市与中国近代化》，上海人民出版社 1996 年版。

中国民主建国会云南省委员会、云南省工商业联合会编：《云南工商史料选辑》，云南人民出版社 1988 年版。

中国人民银行上海市分行编：《上海钱庄史料》，上海人民出版社 1960 年版。

中国人民政协会议云南省红河哈尼族彝族自治州文史资料委员会编：《红河州文史资料选辑》，政协云南省红河州文史资料委员会 1985 年版。

中国人民政治协商会议昆明市委员会文史委编：《昆明文史资料选辑》，云南人民出版社 1994 年版。

中国人民政治协商会议云南省委员会文史资料委员会等编：《云南文史资料选辑》第 42 辑，云南人民出版社 1993 年版。

《中国少数民族社会历史调查资料丛刊》修订编辑委员会编：《白族社会历史调查》，民族出版社 2009 年版。

中国社会科学院近代史研究所科研组织处编：《走向近代世界的中国》，四川人民出版社 1992 版。

钟崇敏：《云南之贸易》，1939 年手稿油印本。

仲伟民：《茶叶与鸦片：十九世纪经济全球化中的中国》，生活·读书·新知三联书店 2010 年版。

朱有瓛主编：《中国近代学制史料》第 1 辑下册，华东师范大学出版社 1986 年版。

庄兴成等编纂，云南省档案馆红河学院编：《滇越铁路史料汇编》（下），云南人民出版社 2014 年版。

邹依仁：《旧上海人口变迁的研究》，上海人民出版社 1980 年版。

2. 古籍、方志

（唐）李肇等：《唐国史补》，上海古籍出版社 1979 年点校本。

（宋）王溥：《唐会要》，中华书局 1955 年重印本。

（明）冯梦龙：《醒世恒言》，人民文学出版社 2015 年版。

（明）何良俊撰，李剑雄点校：《四有斋丛说》，上海古籍出版社 2021 年版。

（明）吕坤：《去伪斋集》，明万历刻本。

（明）沈寓：《白华庄藏稿钞》，上海古籍出版社 2010 年版。

（明）王锜：《寓圃杂记》，中华书局 1984 年版。

（明）徐光启撰，王重民辑校：《徐光启文集》，中华书局 2014 年版。

（明）于慎行撰，张德信点校：《谷山笔麈》，中华书局 1997

年版。

（清）鄂尔泰修，（清）靖道谟纂：《乾隆云南通志》，乾隆元年刻本。

（清）昆冈等：《（光绪）大清会典事例》，上海古籍出版社1995年版。

（清）李宗昉：《黔记》，西南交通大学出版社2016年版。

（清）文庆等：《筹办夷务始末》，中华书局2014年版。

（清）张廷玉等：《明史》，中华书局1974年版。

赵尔巽等：《清史稿》，中华书局1977年版。

《蒙自海关志料》，蒙自关监督署辑1932年版。

《明实录》，上海书店出版社2015年版。

龙云等编，牛鸿斌等点校：《新纂云南通志》，云南人民出版社2007年版。

陆复初主编：《昆明市志长编》，昆明市志编纂委员会1983年版。

蒙自县志编纂委员会主编：《蒙自县志》，中华书局1995年版。

屠述濂纂修：《腾越州志》，成文出版社1967年影印版。

杨天宇：《周礼译注》，上海古籍出版社2016年版。

尧挥彬主编，云南省地方志编纂委员会总纂：《云南省志》，云南人民出版社2002年版。

云南省志编纂委员会办公室编：《续云南通志长编》，云南省志编纂委员会办公室1985年版。

云南省志编纂委员会编：《云南省志》，云南人民出版社1996年版。

张维翰修，童振藻纂：《昆明市志》，昆明市政公所总务课1924年版。

3. 翻译著作

［德］安德烈·冈德·弗兰克、［英］巴里·K. 吉尔斯著：《世界体系：500年还是5000年?》，郝名玮译，社会科学文献出版社2004年版。

［法］亨利·奥尔良著：《云南游记——从东京湾到印度》，龙云译，云南人民出版社2001年版。

［法］利奥塔著：《后现代性与公正游戏》，谈瀛洲译，上海人民出版社1997年版。

［加］马里奥·波利斯著：《富城市，穷城市：城市繁荣与衰落的秘密》，方菁译，新华出版社2011年版。

［美］爱德华·格莱泽著：《城市的胜利》，刘润泉译，上海社会科学院出版社2012年版。

［美］鲍德威著：《中国的城市变迁：1890—1949年山东济南的政治与发展》，张汉等译，北京大学出版社2010年版。

［美］戴维·纽金特著：《封闭的体系和矛盾：历史记载中和记载外的克钦人》，载云南民族研究所编印《民族研究译丛》，1983年版。

［美］格里高利·克拉克著：《应该读点经济史》，李淑萍译，中信出版社2009年版。

［美］关文斌著：《文明初曙——近代天津盐商与社会》，张荣明译，天津人民出版社1999年版。

［美］卡尔顿·海斯著：《现代欧洲史：1500—1815》，邱荷芸译，重庆出版社 2024 年版。

［美］柯文著：《在中国发现历史——中国中心观在美国的兴起》，林同奇译，中华书局 1989 年版。

［美］廖乐柏著：《中国通商口岸：贸易与最早的条约港》，李筱译，东方出版中心 2010 年版。

［美］林达·约翰逊著：《帝国晚期的江南城市》，成一农译，上海人民出版社 2005 年版。

［美］刘易斯·芒福德著：《城市发展史——起源、演变和前景》，宋俊岭、倪文彦译，中国建筑工业出版社 2005 年版。

［美］鲁伯特·B. 万斯等：《美国南部的城市》，北卡罗来纳大学出版社 1954 年版。

［美］罗威廉著：《汉口：一个中国城市的冲突与社区》，鲁西奇、罗杜芳译，中国人民大学出版社 2008 年版。

［美］罗威廉著：《汉口：一个中国城市的商业和社会（1796—1889）》，江溶、鲁西奇译，中国人民大学出版社 2005 年版。

［美］罗威廉著：《红雨：一个县域七个世纪的暴力史》，李里峰等译，中国人民大学出版社 2014 年版。

［美］罗兹·墨菲著：《上海——现代中国的钥匙》，上海社会科学院历史研究所编译，上海人民出版社 1986 年版。

［美］彭慕兰著：《大分流——欧洲、中国及现代世界经济的发展》，史建云译，江苏人民出版社 2004 年版。

［美］彭慕兰著：《腹地的构建：华北内地的国家、社会和经济（1853—1937）》，马俊亚译，社会科学文献出版社 2005 年版。

［美］乔纳森·休斯、路易斯·P. 凯恩著：《美国经济史》，邸晓燕、邢露等译，北京大学出版社 2001 年版。

［美］施坚雅著：《中国封建社会晚期城市研究：施坚雅模式》，王旭等译，吉林教育出版社 1991 年版。

［美］施坚雅主编：《中华帝国晚期的城市》，叶光庭等译，中华书局 2000 年版。

［美］史明正著：《走向近代化的北京城——城市建设与社会变革》，王业龙、周卫红译，北京大学出版社 1995 年版。

［美］魏斐德著：《中华帝国的衰落》，梅静译，民主与建设出版社 2017 年版。

［缅］貌丁昂著：《缅甸史》，贺圣达译，云南省东南亚研究所 1983 年版。

［日］滨下武志著：《亚洲价值、秩序与中国的未来——后国家时代之亚洲研究》，“中研院”东北亚区域研究所 2000 年版。

［日］滨下武志著：《中国近代经济史研究——清末海关财政与通商口岸市场圈》，高淑娟、孙彬译，江苏人民出版社 2006 年版。

［日］顾琳著：《中国的经济革命》，王玉茹等译，江苏人民出版社 2009 年版。

［日］浅田实著：《东印度公司——巨额商业资本之兴衰》，顾珊珊译，社会科学文献出版社 2016 年版。

［日］斯波义信著：《中国都市史》，布和译，北京大学出版社 2013 年版。

［苏］门德尔逊著：《经济危机与周期的理论与历史》第 2 卷下册，吴纪先等译，生活·读书·新知三联书店 1976 年版。

［意］卡洛·M. 奇波拉主编：《欧洲经济史》第3卷，胡企林等译，商务印书馆1989年版。

［英］爱尼斯·安德逊著：《在大清帝国的航行：英国人眼中的乾隆盛世》，费振东译，电子工业出版社2015年版。

［英］安格斯·麦迪森著：《中国经济的长期表现》，伍晓鹰、马德斌译，上海人民出版社2011年版。

［英］彼得·霍尔著：《文明中的城市》，王志章等译，商务印书馆2016年版。

［英］彼得·克拉克著：《欧洲城镇史：400—2000年》，宋一然等译，商务印书馆2015年版。

［英］戈·埃·哈威著：《缅甸史》，姚梓良译，商务印书馆1973年版。

［英］克拉潘著：《现代英国经济史》上卷，姚曾廙译，商务印书馆1997年版。

［英］肖恩·埃文著：《什么是城市史》，熊芳芳译，北京大学出版社2020年版。

［英］亚当·斯密著：《国富论》，郭大力、王亚南译，商务印书馆2014年版。

［英］约翰·达尔文著：《港口城市与解锁世界》，孙伟译，译林出版社2024年版。

刘光临著：《繁荣与衰退：中国市场经济（1000—1500）》，李春圆译，社会科学文献出版社2024年版。

王笛著：《街头文化——成都公共空间、下层民众与地方政治（1870—1930）》，李德英等译，中国人民大学出版社2006年版。

王文元著：《法属印度支那与中国的关系》，蔡华译，云南省历史研究所1979年版。

张萌著：《流动的森林：一部清代市场经济史》，史可鉴译，光启书局2024年版。

4. 外文文献

Fairbank J K, *Trade and diplomacy on the China coast: the opening of treaty ports*, 1842-1854, Cambridge: Harvard University Press, 1964.

Sassen S, *The Global City: New York, London, Tokyo*. Princeton: Princeton University Press, 2001.

Taylor P J, *World City Network: A Global Urban Analysis*. London: Routledge, 2004.

5. 期刊文章

滨下武志、朱荫贵：《中国近代经济史研究中一些问题的再思考》,《中国经济史研究》1991年第4期。

曹胜:《德占时期青岛城市建设的特点与启示》,《青岛科技大学学报》(社会科学版) 2004年第1期。

车辚:《近代云南经济史中的若干计量经济模型——以滇越铁路经济走廊为例》,《云南财经大学学报》(社会科学版) 2007年第2期。

陈庆德:《清代云南矿冶业与民族经济的开发》,《中国经济史研究》1994年第3期。

陈文彬：《城市节奏的演进与近代上海公共交通的结构变迁》,

《学术月刊》2005 年第 7 期。

陈晓鸣：《九江开埠与近代江西社会经济的变迁》，《史林》2004 年第 4 期。

程洪：《美国关于中国近现代史研究的趋势与特点》，《历史研究》1988 年第 4 期。

杜丽红：《1930 年代的北平城市污物管理改革》，《近代史研究》2005 年第 5 期。

高晓燕：《试论东北边疆地区城市发展特点》，《学习与探索》1993 年第 2 期。

郭亚非、王菊映：《近代云南对外贸易经营中的特点》，《云南师范大学学报》（哲学社会科学版）1997 年第 6 期。

何其颖：《鼓浪屿租界与近代厦门经济与市政建设的发展》，《中国社会经济史研究》2005 年第 5 期。

何一民、谢放、王笛：《近代中国城市研究学术讨论会综述》，《近代史研究》1990 年第 3 期。

何一民：《抗战时期人口“西进运动”与西南城市的发展》，《社会科学研究》1996 年第 3 期。

何一民：《辛亥革命前后中国城市市民生活观念的变化》，《西南交通大学学报》（社会科学版）2001 年第 3 期。

何忠礼：《二十世纪的中国科举制度史研究》，《历史研究》2000 年第 6 期。

贺圣达：《近代云南与中南半岛地区经济交往研究三题》，《思想战线》1990 年第 1 期。

金达致：《华北日日新闻》编辑部函，《北华捷报》1988 年 2 月

24 日。

李鸿章:《照录中堂告示》,《申报》1888 年 1 月 22 日。

李培林:《滇西开发历史的启示》,《云南教育学院学报》1987 年第 2 期。

李埏:《滇越铁路半世纪》,《云南日报》1957 年 4 月 14 日。

李玉:《开埠与长沙区域经济中心地位的确立》,《城市史研究》2000 年第 2 期。

刘海岩:《近代中国城市史研究的回顾与展望》,《历史研究》1992 年第 3 期。

刘云明:《清代云南境内的商贾》,《云南民族学院学报》(哲学社会科学版)1996 年第 2 期。

刘云明:《清代云南农村市场探析》,《云南民族学院学报》(哲学社会科学版)1995 年第 2 期。

刘云明:《清代云南商人资本的运动》,《云南社会科学》1996 年第 2 期。

刘云明:《试析清代云南商人的群体整合》,《思想战线》1996 年第 2 期。

龙永珍:《近代云南经济初探》,《云南方志》1989 年第 4 期。

罗群:《从会馆、行帮到商会——论近代云南商人组织的发展与嬗变》,《思想战线》2007 年第 6 期。

罗澍伟:《中国城市史研究述要》,《城市史研究》1988 年第 1 期。

吕绍坤:《近代大连自由港制度的实施及其对城市经济的影响》,《社会科学辑刊》2004 年第 3 期。

马世雯：《清末以来云南蒙自与蔓耗口岸的兴衰》，《云南民族学院学报》（哲学社会科学版）1998 年第 2 期。

牛鸿宾：《近代云南的外迁移民》，《学术探索》1998 年第 6 期。

潘光旦、费孝通：《科举与社会流动》，《社会科学》（清华大学）1947 年第 1 期。

邱国盛：《从人力车看近代上海城市公共交通的演变》，《华东师范大学学报》（哲学社会科学版）2004 年第 2 期。

苏月秋：《丝棉之路：清代至民国年间滇缅跨国互补区域经济初探》，《思想战线》2010 年第 5 期。

孙来臣：《明清时期中缅贸易关系及其特点》，《东南亚研究》1989 年第 4 期。

孙冶方：《为什么要批判乡村改良主义工作》，《中国农村》第 2 卷 1936 年第 5 期。

汪朝光：《检查、控制与导向——上海市电影检查委员会研究》，《近代史研究》2004 年第 6 期。

汪戎：《近代云南对外经济关系》，《思想战线》1987 年第 5 期。

汪寿松：《对外贸易与近代天津市场》，《城市史研究》2002 年第 0 期。

王笛：《中国城市的微观世界——从成都茶馆个案看都市大众文化研究的视角和方法》，《史学月刊》2008 年第 5 期。

王福明：《近代云南区域市场初探（1875—1911）》，《中国经济史研究》1990 年第 2 期。

王革生：《清代东北商埠》，《社会科学辑刊》1994 年第 1 期。

王革生：《清代东北沿海通商口岸的演变》，《东北地方史研究》

1990 年第 3 期。

王文成：《约开商埠与清末云南对外经贸关系的变迁》，《云南社会科学》2008 年第 3 期。

王印焕：《交通近代化过程中人力车与电车的矛盾分析》，《史学月刊》2003 年第 4 期。

吴松弟、方书生：《起源与趋向：中国近代经济地理研究论略》，《天津社会科学》2011 年第 1 期。

吴晓松：《交通拓展与近代东北城市建设》，《城市规划汇刊》1996 年第 3 期。

夏光辅：《近代云南经济概述》，《研究集刊》1986 年第 2 期。

肖建乐：《云南近代通商口岸研究》，《云南民族大学学报》（哲学社会科学版）2012 年第 5 期。

徐柳凡、吴月红：《自开商埠与地区社会经济的发展》，《安徽师范大学学报》（人文社会科学版）2000 年第 4 期。

杨天宏：《清季东北“自开商埠”述论》，《长白学刊》1998 年第 1 期。

杨天宏：《清季自开商埠海关的设置及其运作制度》，《社会科学研究》1998 年第 3 期。

杨煜达：《滇西民族商业资本的转化与近代云南社会》，《云南社会科学》2001 年第 4 期。

杨煜达：《试析腾越海关与近代滇缅贸易》，《云南地理环境研究》1990 年第 2 期。

袁国友：《论近代前期的滇港经贸关系》，《云南社会科学》2002 年第 4 期。

张笃勤：《晚清汉口茶市与武汉社会经济》，《江汉大学学报》（社会科学版）2005年第3期。

张利民：《近代中国城市史论著索引（论文部分）》，《城市史研究》1996年第1期。

张利民：《近代中国城市史论著索引（著作部分）》，《城市史研究》1997年第1期。

张伟：《简论上海租界的越界筑路》，《学术月刊》2000年第8期。

赵可：《体制创新与20世纪20年代广州市政的崛起》，《广西社会科学》2006年第3期。

赵铨：《近代大理市场的商品结构》，《云南民族学院学报》（哲学社会科学版）1996年第3期。

赵铨：《云南大理地区的近代集市》，《中国经济史研究》1998年第4期。

赵勇：《中法战争后云南近代社会经济的变迁》《昆明学院学报》2009年第2期。

郑欣：《明代贡院研究》，福建师范大学2022年博士学位论文。

周锡瑞：《重塑中国城市：城市空间和大众文化》，《史学月刊》2008年第5期。

周子峰：《近代厦门市政建设运动及其影响（1920—1937）》，《中国社会经济史研究》2004年第2期。

朱应庚、董孟雄：《云南地方近代经济史分段问题初探》，《思想战线》1980年第2期。

后 记

书稿已经完成，心情却难以平复。撰写该书，缘于2010年所获得的教育部规划基金项目，后因在东北进入博士后科研流动站从事理论经济学研究工作，在合作导师韩毅教授的耳提面命之下，所撰写的出站报告也是围绕着近代城市经济展开。

自从2003年硕士毕业进入高校工作以来，非常怀念前十年踏踏实实从事的教书工作，让我收获了宁静与美好。后进入学校管理服务岗位且屡有调整，好在有前十年在心底种下的宁静，无论何时何地，心中那盏向往学术的灯火从未曾熄灭。

今天，向读者呈现的是自己多年的一些学术思考，可能还未尽如人意，也肯定有诸多不完善的地方，我也深知“吾生也有涯，而知也无涯”，“吾已竭尽心力，虽未果亦无憾矣”。

在书稿即将付梓之际，不禁想起诸多曾经帮助过我的良师益友，有前面提到的亦师亦友、温文尔雅的韩毅教授，更有引我进入学术殿堂的恩师武建国教授，转眼武老师也离开我们近12个年头了，谨以此书稿纪念我永远怀念的武老师。此外，在我成长路上的诸多帮助过我和还在帮助我的家人、领导、老师就不一一列举了，前前后后有十多届的同学为此书做了一些资料收集及其校对等工作，也不一一说明了，在此一并深表谢意。

最后，感谢为此书付出艰辛努力的邵永忠编辑，邵君是我多年的挚友，正是他一如既往的鼓励和鞭策，促成了此书的最终面世。

肖建乐

乙巳年三月二十六于昆明雨花湖畔

助过我和还在帮助我的家人、领导、老师和朋友不一一列举了，而后同后台[illegible]为此书做了一些资料收集及校对等工作，也不一一说明了，在此一并致谢。

最后，希望[illegible]对此书出现的不当之处提出宝贵意见，也在[illegible]的学术，[illegible]

[illegible]

[illegible]